Nudos para Niños

Una sencilla y divertida guía para que los jóvenes aventureros dominen los nudos esenciales

© Copyright 2024

Todos los derechos reservados. Ninguna parte de este libro puede ser reproducida de ninguna forma sin el permiso escrito del autor. Los revisores pueden citar breves pasajes en las reseñas.

Descargo de responsabilidad: Ninguna parte de esta publicación puede ser reproducida o transmitida de ninguna forma o por ningún medio, mecánico o electrónico, incluyendo fotocopias o grabaciones, o por ningún sistema de almacenamiento y recuperación de información, o transmitida por correo electrónico sin permiso escrito del editor.

Si bien se ha hecho todo lo posible por verificar la información proporcionada en esta publicación, ni el autor ni el editor asumen responsabilidad alguna por los errores, omisiones o interpretaciones contrarias al tema aquí tratado.

Este libro es solo para fines de entretenimiento. Las opiniones expresadas son únicamente las del autor y no deben tomarse como instrucciones u órdenes de expertos. El lector es responsable de sus propias acciones.

La adhesión a todas las leyes y regulaciones aplicables, incluyendo las leyes internacionales, federales, estatales y locales que rigen la concesión de licencias profesionales, las prácticas comerciales, la publicidad y todos los demás aspectos de la realización de negocios en los EE. UU., Canadá, Reino Unido o cualquier otra jurisdicción es responsabilidad exclusiva del comprador o del lector.

Ni el autor ni el editor asumen responsabilidad alguna en nombre del comprador o lector de estos materiales. Cualquier desaire percibido de cualquier individuo u organización es puramente involuntario.

Índice

- CARTA DE PRESENTACIÓN PARA LOS PADRES 1
- CARTA DE PRESENTACIÓN A LOS NIÑOS 3
- SECCIÓN 1: LOS NUDOS EN LA HISTORIA 5
- SECCIÓN 2: PRIMEROS PASOS 28
- SECCIÓN 3: NUDOS BÁSICOS 34
- SECCIÓN 4: NUDOS NÁUTICOS 43
- SECCIÓN 5: NUDOS PARA AVENTURAS AL AIRE LIBRE 49
- SECCIÓN 6: NUDOS COTIDIANOS 73
- SECCIÓN 7: HACER NUDOS POR DIVERSIÓN 88
- SECCIÓN 8: CONSEJOS Y TRUCOS 102
- GRACIAS 110
- VEA MÁS LIBROS ESCRITOS POR DION ROSSER 111
- REFERENCIAS 112
- FUENTES DE IMÁGENES 116

Carta de presentación para los padres

Queridos padres,

El sueño de todo padre y tutor es ver crecer a sus hijos hasta convertirse en adultos independientes y autosuficientes. Para que esto ocurra, los niños deben aprender numerosas habilidades esenciales que los ayudarán a desenvolverse en las complejidades de la vida. Hacer nudos es divertido, pero también es una habilidad práctica que le enseña a los niños a resolver problemas, memorizar y pensar de forma crítica.

Aunque el dominio de los nudos suele ser recomendable para los aventureros al aire libre, tu hijo puede beneficiarse de ello, aunque no esté interesado en explorar la naturaleza. Los niños pueden incorporar esta habilidad como un divertido pasatiempo o simplemente utilizarla para desenvolverse con mayor eficacia en la vida cotidiana. Pueden ahorrarse mucho tiempo y problemas dominando los nudos básicos de la vida cotidiana (como los cordones de los zapatos), los nudos avanzados si desean ayudar con el barco, y varios proyectos creativos para pasar el tiempo... ¡sin pantalla! Este libro tiene todas las herramientas para ayudarlos a lograrlo.

Hacer nudos es un reto; a algunos niños les llevará más tiempo aprenderlo, pero este libro les garantizará que lo conseguirán. No te preocupes si tu hijo no adquirió antes esta habilidad u otras similares por medios tradicionales; tal vez simplemente le costó prestar atención a intrincadas o tediosas instrucciones. Con pasos prácticos y fáciles de seguir, este libro está diseñado para guiar a los jóvenes estudiantes a través del proceso de anudado, independientemente de sus habilidades o nivel de experiencia.

Ayuda a tu hijo a empezar a aprender a hacer nudos de forma segura y responsable. En los primeros capítulos se incluyen algunas normas de seguridad que te ayudarán a ser el padre que tu hijo necesita para embarcarse en su aventura de hacer nudos.

¡Diviértanse!

Carta de presentación a los niños

¡Hola!

Sabías que los nudos han sido utilizados durante siglos, y no sólo para atar cosas. Aunque hacer un nudo seguro resulta útil en situaciones cotidianas, como evitar que se te desaten los cordones de los zapatos, los nudos también pueden tener muchas otras finalidades. Desde las funciones ceremoniales al arte, pasando por la caza y la pesca, el nudo ha desempeñado un papel fundamental en la vida de las distintas culturas y civilizaciones desde la antigüedad. Si te gusta explorar la naturaleza, esta habilidad te resultará especialmente útil, ya que puede ayudarte a mantenerte seguro y a resolver cualquier problema que pueda surgir durante tus aventuras.

Hacer nudos también puede ser una divertida actividad para disfrutar del tiempo libre. Muchas manualidades, o proyectos, requieren nudos para poder ser completadas o creadas. Puedes utilizar los nudos para expresar lo que sientes o piensas, al igual que utilizarías el dibujo, el coloreado o cualquier otra forma de arte. Y no sólo eso, sino también que aprenderás otras habilidades, como ser ingenioso en situaciones complicadas y resolver problemas aparentemente insuperables.

Sea lo que sea lo que te atraiga de atar nudos, estás a punto de encontrar la puerta de entrada a emocionantes descubrimientos en el mundo de los nudos y de tus propias habilidades. Dominar esta habilidad te enseñará mucho sobre ti mismo, incluidos tus gustos y aversiones y tus puntos fuertes y débiles. También te ayudará a trabajar esos puntos fuertes o débiles y a tener más confianza para desenvolverte en el mundo que te rodea. Aprenderás a tener paciencia y a valorar el trabajo duro, ¡pero DIVERTIDO!

Si estás listo para embarcarte en este apasionante viaje al mundo de los nudos, ¡puedes empezar leyendo el primer capítulo!

Sección 1: Los nudos en la historia

Cuando piensas en nudos, probablemente piensas en atarte los cordones de los zapatos o en los nudos que utilizan los marineros en los barcos. Aunque éstos sean los usos más comunes de los nudos, este arte existe desde hace miles de años y los nudos han sido utilizados para muchos otros fines a lo largo de los siglos. Los nudos, creados atando un trozo de cuerda, cordel o soga, han evolucionado desde simples cierres para objetos cotidianos hasta complejas estructuras para proyectos de arte y artesanía.

A menudo, encontrar un nuevo propósito para un nudo de atar llevó al descubrimiento de nuevos usos para objetos cotidianos o a la invención de otros objetos. Hoy en día, dependiendo del uso que vayas a darle, puedes hacer un nudo prácticamente de infinitas maneras. Al leer esta sección, aprenderás cómo se hacían los nudos a lo largo de la historia y la importancia que tenía esta habilidad en las distintas culturas.

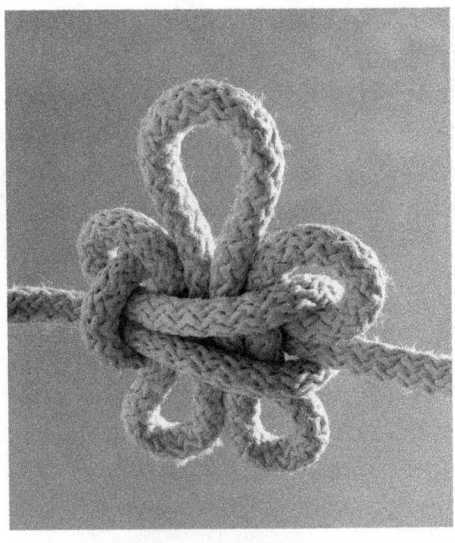

Hacer nudos es un arte que existe desde hace miles de años[1]

Una herramienta ancestral

Los primeros indicios de la utilización de nudos coinciden con el uso de herramientas primitivas. Creemos que el ser humano lleva utilizando cuerdas desde hace al menos 15.000-17.000 años; se trata de una estimación; los historiadores creen que el uso de cuerdas podría ser incluso anterior a la invención del fuego. Otras herramientas, como el hacha y la rueda, fueron inventadas mucho más tarde, y el uso de cuerdas desempeñó un papel crucial en su creación. Las primeras hachas eran simples cabezas de piedra atadas a mangos de madera.

En algún momento entre el 8.000 y el 6.500 a. C., la gente empezó a crear tejidos textiles para la ropa y otros fines. Ataban y aseguraban las diferentes piezas de material con nudos. A medida que las civilizaciones se fueron desarrollando, también lo hizo el uso de nudos y cuerdas para crear otros dispositivos y estructuras. Algunos de los primeros mecanismos para los que se utilizaron los nudos fueron las trampas de pesca y caza.

Alrededor del año 4.000 a. C., los egipcios inventaron un *huso* que facilitaba enormemente la creación de cuerdas. En el siglo III a. C., los guerreros romanos iban a la batalla armados con hondas que fabricaban con cuerdas atadas con nudos.

Avanzando un poco más en la historia, hasta el año 1.200 d. C., las naciones árabes creaban nudos para sujetar sus prendas y tejidos domésticos y decorarlos. A medida que aumentaban los viajes por mar, también lo hacía la importación de este arte de hacer nudos. Pronto, los europeos lo utilizaron para adornar sus ropas.

En esta época de la historia, el arte de hacer nudos pasó de la creación de nudos sencillos (como el *nudo simple* que se utiliza para atar el extremo de algo) a numerosos nudos complicados. Sólo las civilizaciones antiguas crearon 19 nudos diferentes, entre los que se incluyen la bolina, el porta botellas, el nudo de clavo, la pata de gato, la bolina esquimal, el pescador y el pescador doble, el ocho, el simple, la bolina corrida, el ladrón, el arrecife y los nudos de cabeza turcos, junto con el nudo Kalmyk, el nudo simple y medio, los dos medios nudos, el nudo sobrepuesto y el doblez sobrepuesto unilateral. A continuación, encontrarás las instrucciones de algunos de estos nudos.

Porta botellas
Instrucciones:

1. Toma un trozo de cuerda de medio metro y dóblalo por la mitad.
2. Coloca el cordel doblado en posición horizontal con los dos lados paralelos. El lazo debe estar arriba y los dos extremos abiertos abajo.
3. Busca el tercio de la longitud del cordel doblado desde la parte superior (el bucle) y dóblalo hacia abajo. El bucle debe quedar encima de las cuerdas paralelas, creando dos "orejas".

Porta botellas²

4. Gira ambas "orejas" hacia ti y luego hacia abajo, creando una pequeña torsión en su parte inferior.
5. Coloca la "oreja" izquierda sobre la derecha y, debajo de ellas, encontrarás un pequeño agujero.
6. Mete los dedos en el agujero, y tira de él hacia abajo hasta que lo conviertas en un lazo más grande.
7. Toma este tercer bucle de la parte inferior, súbelo y tira de él a través de los otros dos bucles de la parte superior.
8. Tira del tercer bucle hacia arriba y de los otros dos hacia abajo. El bucle doble de la parte inferior pasa por encima de un cuello de botella.
9. Una vez colocado el bucle doble en la botella, puedes tirar del tercer bucle y de los dos extremos de la cuerda para apretar el bucle alrededor de la botella.
10. Ata los extremos libres de la cuerda y te quedarán dos pequeñas asas en el cuello de la botella para levantarla y transportarla.

Pata de gato en una anilla

Instrucciones:

1. Haz un bucle con la cuerda y pásala por encima de una anilla. El lazo debe quedar detrás de los dos cabos.
2. Tira de los dos extremos de la cuerda a través del lazo.
3. Agranda el lazo del centro tirando de él hacia abajo.
4. Gira la anilla alejándola de ti, introduciéndola nuevamente en el bucle y, a continuación, dándole la vuelta, alejándola de ti.
5. Tira de los extremos de la cuerda hacia abajo mientras ajustas el bucle para tensarlo.
6. Trabaja hacia la anilla hasta que consigas un nudo apretado que parezca una pata de gato por debajo.
7. Es un bonito llavero.

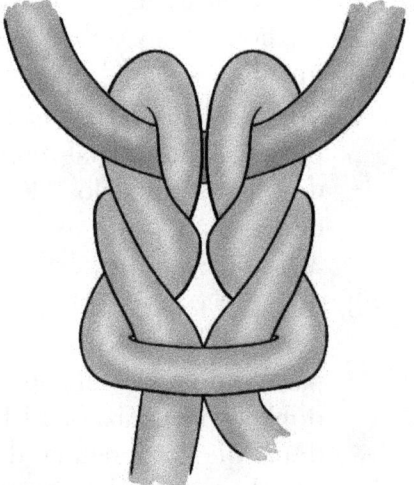

Pata de Gato en una anilla

Bolina esquimal

Instrucciones:

1. Coloca un trozo de cuerda plana y haz un bucle por debajo pasando el extremo derecho hacia la izquierda y luego hacia la derecha. Has creado un bucle.
2. Toma el extremo izquierdo de la cuerda y colócalo recto por debajo del bucle.
3. Agarra el mismo extremo y pásalo por encima del bucle, enhebrándolo por debajo de la línea recta que has creado en el paso anterior.
4. Tira del extremo por encima del lado izquierdo del bucle.
5. Sujeta el lazo con la mano izquierda y el extremo más largo de la cuerda con la derecha, y aprieta suavemente el nudo. El nudo tendrá un aspecto similar al de una bolina normal, salvo que está atado alrededor de una parte del lazo.

6. Puedes utilizar la bolina esquimal siempre que quieras un nudo seguro en un lugar donde un nudo normal podría soltarse, como al tensar el equipo al escalar o hacer senderismo.

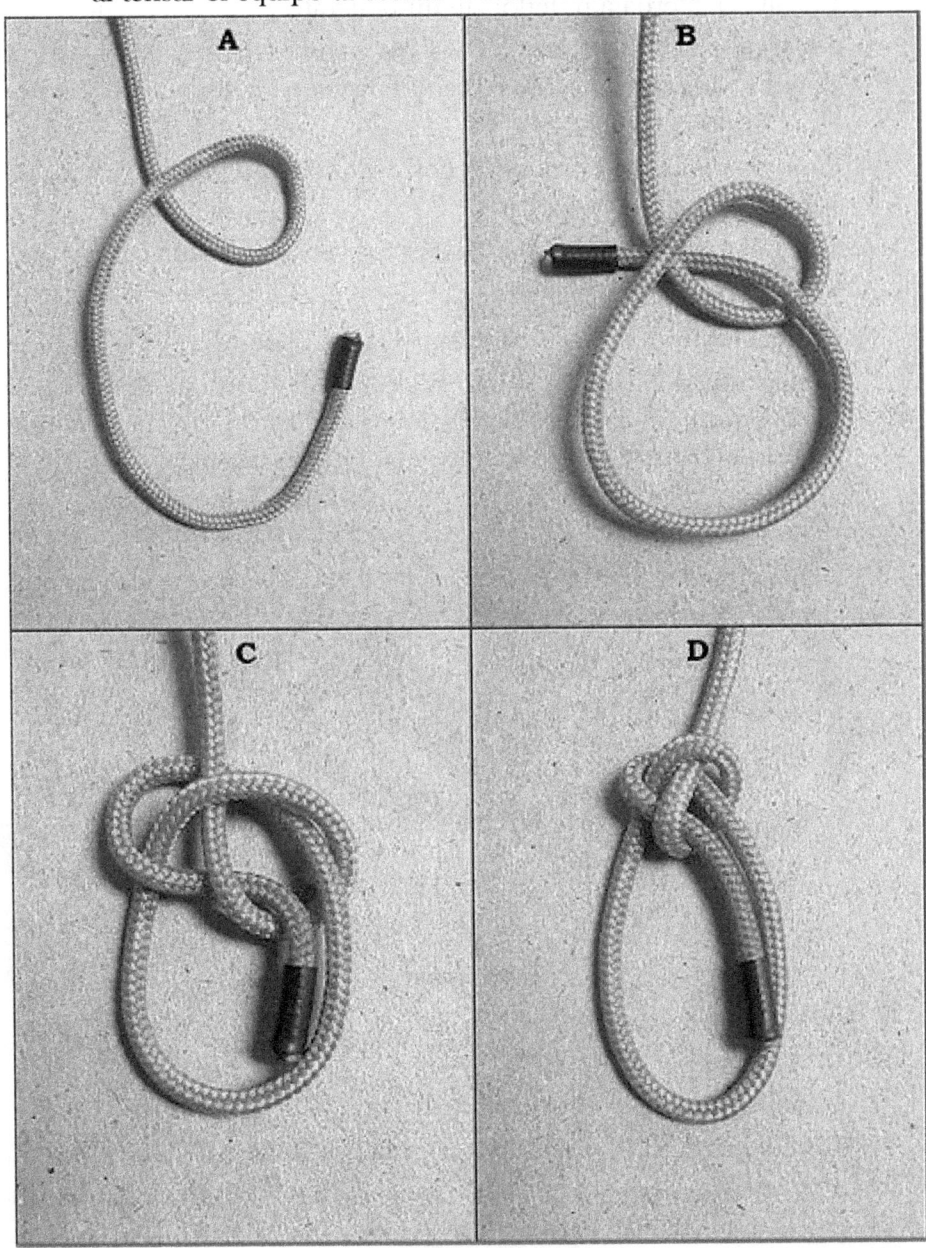

Bolina esquimal

Bolina corrida
Instrucciones:
1. Enrolla la cuerda alrededor de un bolígrafo.
2. Crea un nudo y pasa uno de los extremos de la cuerda por encima del otro. El nudo debe quedar debajo del punto de cruce de los dos extremos.
3. Pasa la cuerda por debajo del segundo extremo (el que no funciona) y a través del lazo.
4. Tira del extremo activo por detrás del lazo alrededor del anclaje.
5. Vuelve a pasarlo por el lazo.
6. Aprieta tirando de los extremos hacia la izquierda.
7. El nudo final es similar a un nudo de bolina normal al que se le ha añadido un lazo adicional antes de atarlo. Es útil cuando quieres echar un lazo sobre algo que quieres atrapar.

Bolina corrida'

El ladrón
Instrucciones:
1. Haz un bucle en un extremo de la cuerda.
2. Pasa el extremo opuesto de la cuerda por debajo del bucle.
3. Tira de este extremo hacia arriba y vuelve a pasarlo por debajo del primer bucle. Después de hacer el segundo bucle, pon el extremo de la cuerda encima - los dos extremos de la cuerda deben mirar en direcciones opuestas.

4. Pasa el extremo del lado derecho por debajo del bucle y tira de ambos extremos para terminar el nudo.
5. El nudo ladrón terminado parece un nudo cuadrado, salvo que los extremos sueltos se encuentran en los extremos opuestos del nudo. Suele utilizarse para cerrar bolsas.

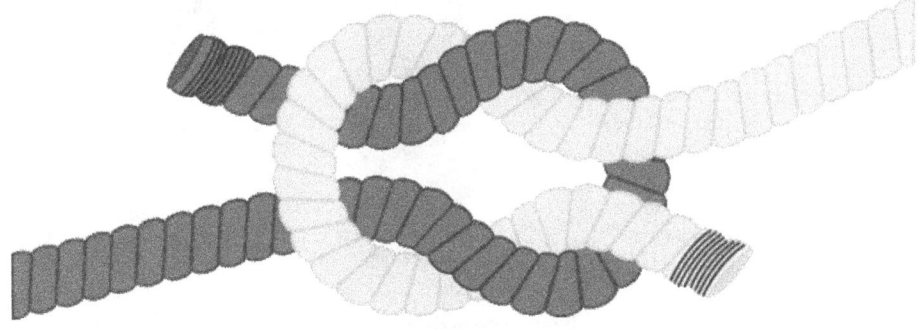

El ladrón[5]

Nudo cabeza de turco
Instrucciones:
1. Dobla un trozo de paracord por la mitad sobre un bolígrafo.
2. Haz un círculo alrededor del bolígrafo con el paracord juntando los dos extremos y doblándolos en direcciones opuestas.
3. Pasa el extremo izquierdo por debajo del derecho.
4. De nuevo, pasa el extremo izquierdo por encima del primer bucle.
5. Pasa el extremo izquierdo por debajo del derecho.
6. Coloca el extremo derecho sobre el segundo bucle y pásalo por debajo del primero.
7. Da la vuelta al bolígrafo y pasa el bucle de arriba por encima del bucle de abajo.
8. Pasa el extremo de la parte inferior por encima del bucle inferior y por debajo del bucle superior.
9. Enhebra el extremo superior por debajo del bucle superior y pásalo por encima del bucle inferior.
10. Aprieta el nudo. Cuando lo retires del bolígrafo, el nudo tendrá forma circular. Puedes utilizarlo como adorno en el extremo del bolígrafo o en cualquier objeto circular que utilices.

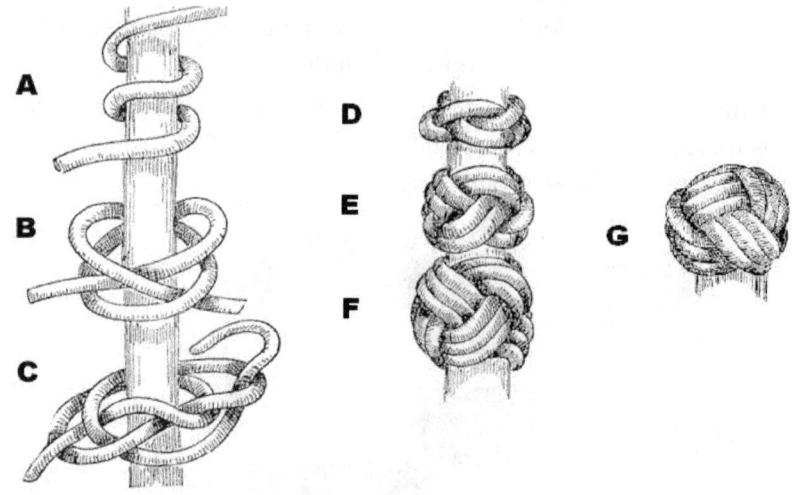

Nudo cabeza de turco [6]

Nudo Kalmyk

Instrucciones:

1. Forma un pequeño bucle con tu cuerda.
2. Pasa un extremo de la cuerda por encima del bucle y tira de él hacia abajo. Ahora tienes un bucle interior en el lado izquierdo y un bucle exterior en el lado derecho.
3. Con el extremo sobrante del mismo lado, haz un doblez (dobla la cuerda por la mitad) y pásalo por encima del bucle exterior, por debajo y por encima del bucle interior (el original).
4. Tira del bucle grande que has creado en el lado derecho para apretar el nudo.
5. Es similar a la bolina esquimal, salvo que se ata con una presilla, pero puede utilizarse para los mismos fines.

El nudo Kalmyk [7]

Pronto aprenderás sobre el resto de los nudos.

Los nudos también eran característicos de la cultura china, popularizada por las dinastías Tang y Song entre los siglos X y XIII. En esta época, los artistas populares chinos utilizaban 11 tipos de nudos, entre ellos el de la buena suerte, el de las cuatro flores, el cruzado, el de doble conexión, el botón chino, el de doble moneda, el cuadrado, el Pan Chang, el Agemaki y el nudo Plafond. A continuación, encontrarás las instrucciones de algunos de estos nudos.

Nudo de la buena suerte

Instrucciones:

1. Dobla tu cuerda por la mitad y extiéndela. Sujeta con alfileres el bucle superior.
2. A unos diez centímetros de la parte superior del bucle del lado derecho, forma otro bucle. Fíjalo con alfileres.
3. Repite el paso 2 en el lado izquierdo.
4. Toma los extremos sueltos de la parte inferior y dóblalos sobre el bucle izquierdo. Deben quedar paralelos al bucle superior, y debes tener un pequeño hacia la parte inferior izquierda desde el centro.
5. Mueve el bucle izquierdo sobre los cabos sueltos y el bucle superior. Debe quedar alrededor de la mitad del bucle derecho.
6. Mueve el bucle superior sobre los bucles de la derecha.
7. Enhebra el bucle derecho más largo sobre el pequeño agujero del paso 4.
8. Aprieta el nudo tirando suavemente de ambos extremos y de las presillas hasta que quede un cuadrado en el centro.
9. Mueve el bucle izquierdo sobre el inferior, dejando una pequeña abertura entre ellos.
10. Mueve el bucle inferior sobre los dos bucles derechos y sobre el lado derecho de los extremos.
11. Mueve las hebras sobre el bucle izquierdo y pásalas por la pequeña abertura del paso 9.
12. Aprieta el bucle para crear un cuadrado central formado por los cuatro cuartos. Debe haber pequeños bucles en los bordes de todos los cuartos y tres bucles saliendo de la izquierda, la derecha y la parte superior del cuadrado.

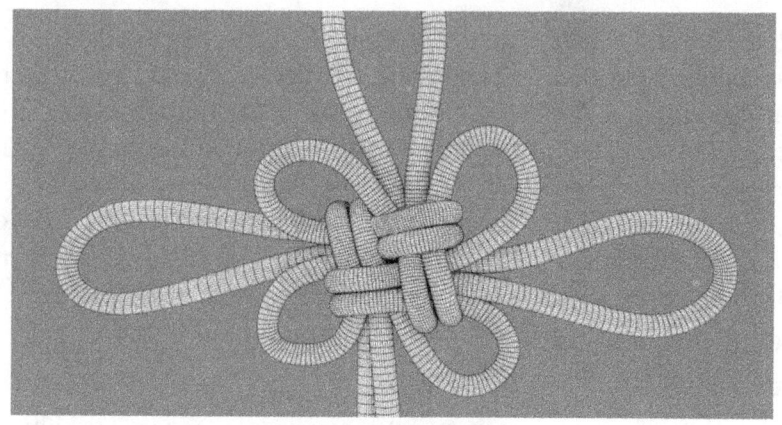

Nudo de la buena suerte[8]

Nudo de las cuatro flores

Instrucciones:

1. Toma dos cuerdas y dóblalas para crear dos bucles. Cruza el bucle de la segunda cuerda sobre el bucle de la primera.
2. Dobla el segundo bucle hacia abajo y pasa las hebras sueltas de la segunda cuerda por encima para hacer un nudo.
3. Ahora tienes un bucle y cuatro hebras que salen de él. Sujeta el bucle con alfileres.

Nudo de las cuatro flores

4. Pasa la tercera hebra por encima de la cuarta y, a continuación, tráela desde abajo, creando un nudo en la cuarta hebra.
5. Repite el paso 4.
6. Repite los pasos 4 y 5 en el otro lado, pasando la segunda hebra por encima y por debajo de la primera dos veces.
7. Dobla la primera y la cuarta hebra para formar un lazo.
8. Pasa la tercera hebra por el bucle del paso anterior y haz lo mismo con la segunda hebra.
9. Tira suavemente de los cuatro extremos. Tendrás cuatro pequeñas flores en el centro. Puedes utilizarlas para decorar.

Cruz

Instrucciones:

1. Haz un bucle con tu cuerda.
2. Coloca la hebra izquierda detrás de la derecha para crear un segundo bucle a la izquierda, luego mueve la hebra izquierda de nuevo hacia el lado izquierdo para hacer un tercer bucle a la derecha.
3. Pasa la hebra derecha por el bucle superior desde abajo. A continuación, pásala por el bucle derecho desde arriba.
4. Aprieta ajustando las hebras.
5. El nudo terminado tiene forma de cruz por ambos lados (delante y detrás). Puede utilizarse para adornos o para anudar una corbata.

Nudo cruz

Conexión doble (Doble felicidad)
Instrucciones:
1. Dobla tu cuerda y coloca las dos hebras horizontalmente.
2. Pasa la hebra inferior por encima de la superior y llévala hacia abajo para formar un bucle.
3. Vuelve a pasar la misma hebra por encima del bucle que acabas de crear.
4. Cierra el bucle apretando las hebras.
5. Utiliza la otra hebra para hacer un bucle sobre la primera hebra (bajo el nudo que has hecho en el paso 4).
6. A continuación, pasa la segunda hebra por el primer bucle y el que acabas de hacer en el paso anterior.
7. Introduce ambas hebras lentamente para cerrar los dos bucles hasta que obtengas una forma de cruz en el centro.
8. A menudo se utiliza en ceremonias para celebrar una conexión entre dos personas.

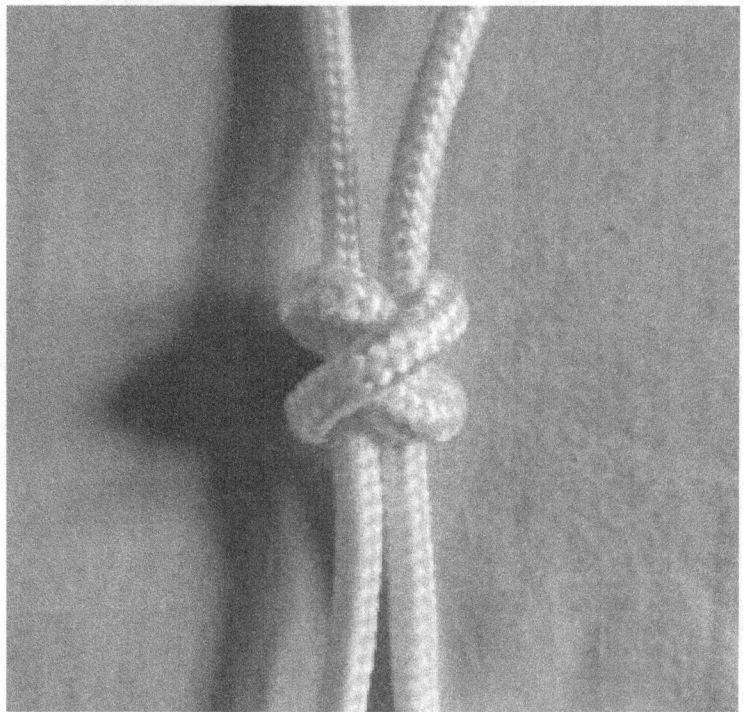

Conexión doble[10]

Pan Chang
Instrucciones:
1. Prepara un trozo de paracord, alfileres y una almohadilla de espuma de poliestireno (o una superficie similar en la que puedas colocar los alfileres).
2. Dobla la cuerda dejando un poco más de cuerda en el extremo izquierdo. Así crearás un doblez hacia arriba. Sujétalo con alfileres en la parte superior del bucle.
3. Utilizando el extremo derecho de la cuerda, haz un segundo doblez.
4. Fíjalo con alfileres, haz un tercer doblez en el extremo izquierdo (también hacia abajo) y fíjalo también con alfileres.)
5. Toma el extremo derecho de la cuerda, haz un doblez y pásalo primero por debajo de la línea exterior y luego por encima de la línea interior del segundo doblez (el que creaste en el paso 2). Continúa pasándola por debajo de la línea exterior y por encima de la línea interior de la mordida original.
6. Repite el paso 5 para crear dos dobladillos horizontales. Fíjalos con alfileres en el lado derecho.
7. Sujeta con alfileres los cuadraditos del centro y el extremo derecho del cordón.
8. Pasa el extremo izquierdo de la cuerda por el pequeño bucle de la parte superior derecha, por debajo de las cuatro líneas siguientes, y sácalo de nuevo por el lado izquierdo.
9. Repite el paso anterior en el centro (el espacio entre los dos mechones horizontales del paso 6).
10. Pasa el extremo izquierdo de la cuerda por debajo de la abertura de la parte inferior izquierda. Subiendo por el lado izquierdo, cruza el extremo por encima de las tres líneas siguientes y por debajo de las dos siguientes.
11. Volviendo hacia abajo, pasa el extremo por el bucle superior izquierdo, por debajo de las dos líneas siguientes, por debajo de una línea, por debajo de las tres siguientes, por encima de una y, finalmente, por debajo de la última línea para salir por la parte inferior.

12. Repite los pasos 10 y 11 en el centro (entre las dos mallas verticales).
13. Retira los alfileres y aprieta lentamente el nudo ajustando los bucles uno a uno.
14. Tendrás un nudo cuadrado plano hecho de muchos nudos pequeños. Puedes utilizarlo como adorno, collar, llavero, etc.

Pan Chang[11]

Agemaki
Instrucciones:
1. Busca una cuerda de 1 metro de largo, toma un extremo y pásalo por debajo y por encima de la parte superior para crear un nudo simple.
2. Pasa el otro extremo de la cuerda por el nudo y haz otro nudo simple. Los dos nudos deben estar uno al lado del otro.
3. Toma la parte interior del nudo izquierdo y pásala a través del nudo derecho. Al mismo tiempo, toma el lado interior del nudo derecho y pásalo por el izquierdo.
4. Tendrás tres bucles (izquierdo, superior y derecho) y los cabos sueltos en la parte inferior. Tira suavemente de todos ellos, ajustándolos hasta que hayas apretado el intrincado nudo Agemaki del centro. El nudo acabado parece una libélula.
5. Tradicionalmente, este nudo se utilizaba en las armaduras de los samuráis, pero también puede utilizarse como decoración.

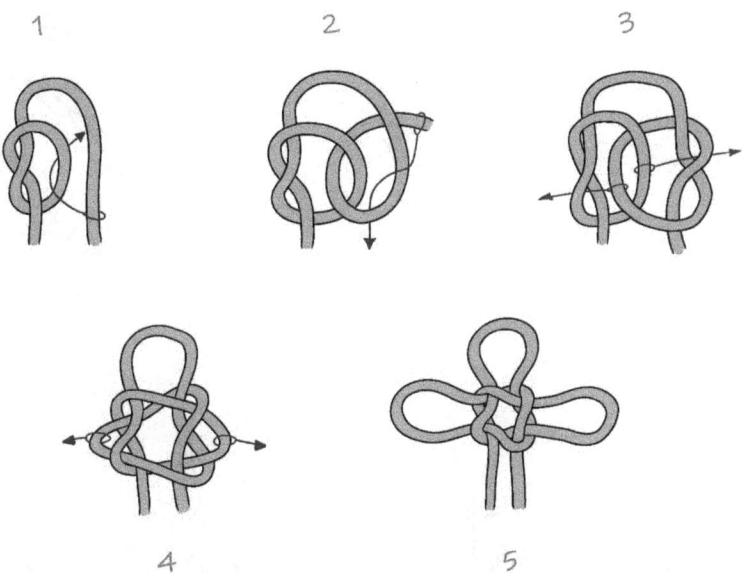

Agemaki

Nudo del amor verdadero
Instrucciones:

1. Crea un bucle en la parte superior.
2. Mete el extremo activo por debajo del lazo y tira de él por la parte superior. Apriétalo un poco para crear un nudo simple.
3. Con el extremo de trabajo de la cuerda, crea otro bucle sobre el primero.
4. Pasa el extremo de la cuerda por debajo del bucle original y, a continuación, haz un bucle hacia arriba para crear un tercer bucle.
5. Introduce el extremo de trabajo a través del tercer bucle para crear un segundo nudo simple.
6. Aprieta primero el nudo derecho y luego el izquierdo para terminar el nudo de amor verdadero.
7. Su aspecto es similar al de un nudo cuadrado (salvo que las hebras están orientadas en distintas direcciones) y se utiliza para decorar.

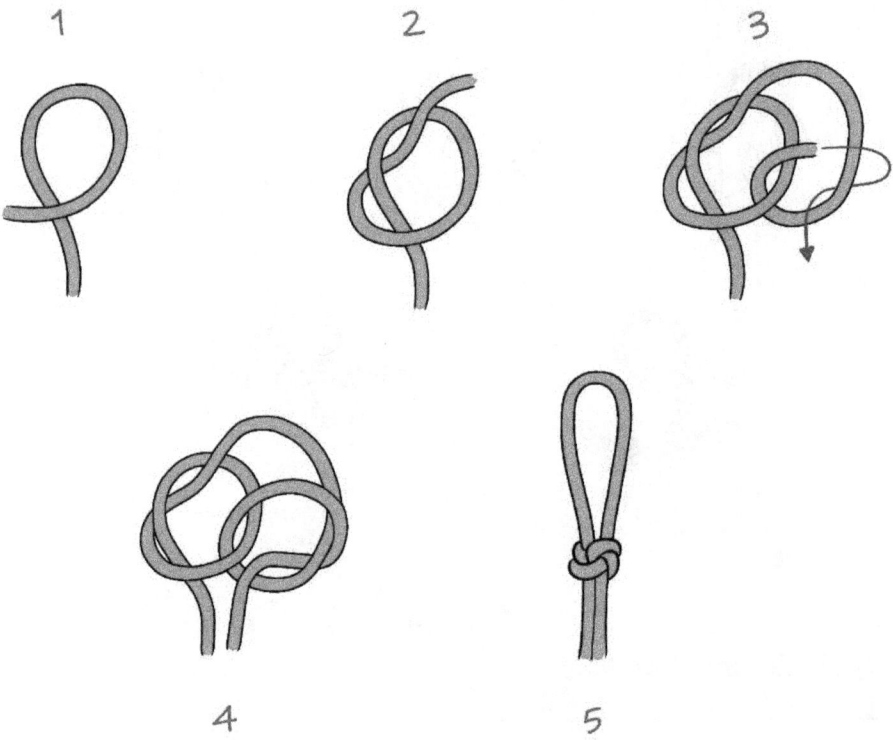

Nudo del amor verdadero

Nudo Plafond
Instrucciones:

1. Haz un bucle y pasa una de las hebras por encima para hacer un medio nudo.
2. Haz un segundo medio nudo debajo del primero. Apriétalo un poco, pero deja la primera vuelta grande.
3. Deja un poco de espacio bajo el segundo medio nudo, haz un bucle y conviértelo en un tercer medio nudo.
4. Haz un cuarto medio nudo por debajo y dobla la parte con los dos últimos medios nudos en la parte central.
5. Dobla el bucle superior sobre el centro.
6. Toma la parte superior del bucle superior y pásala a través de los medios nudos inferiores (los nudos propiamente dichos, no los bucles).

7. Pasa la hebra izquierda por los dos medios nudos superiores.
8. Enhebra la hebra derecha a través de la primera hebra del medio y, a continuación, a través de los medios nudos superiores.
9. Tira de las dos hebras sueltas y del bucle de la parte superior para apretar el nudo. Puedes colocarlo en el extremo de los cierres para decorar y para que sea más fácil subir y bajar el cierre.

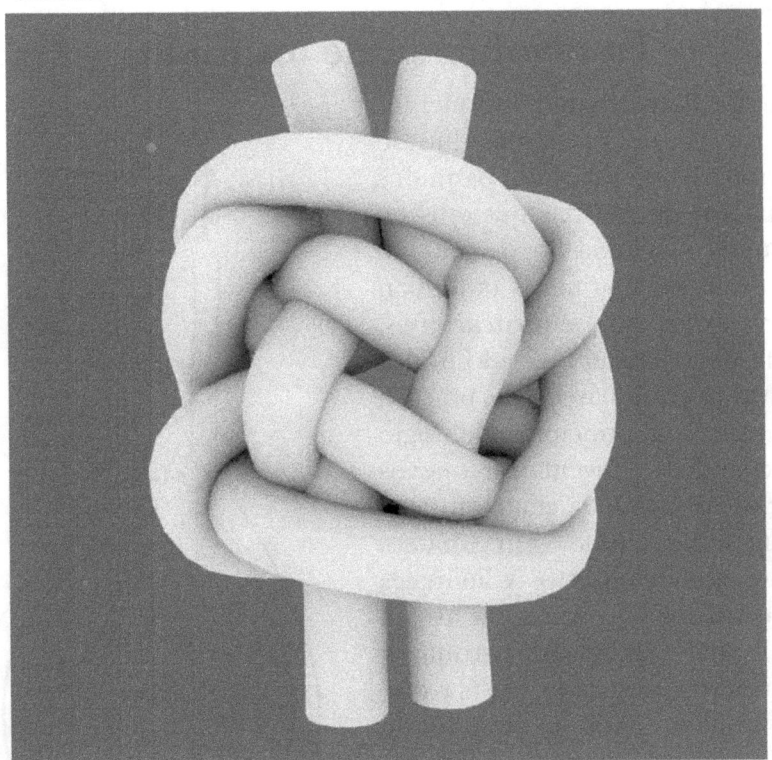

Nudo Plafond[12]

Más adelante aprenderás sobre el resto.

A finales del siglo XV, los europeos descubrieron otra utilidad de los nudos. Se trataba de estructuras largas y estrechas entre las que podían retorcer cuerdas y crear diferentes formas de nudos. En el siglo XV, los incas utilizaban los nudos para llevar registros. Anotaban sus calendarios y acontecimientos importantes en un complejo sistema textil llamado Khipu (o quipu), confeccionado con intrincados nudos.

En el siglo XVII, el anudado con distintos fines estaba muy extendido en Europa, por lo que no es de extrañar que llegara también a las cortes.

Se inventó el macramé, y la reina María II y sus damas de honor pasaron gran parte de su tiempo confeccionando diferentes adornos mediante esta singular forma de arte.

El arte de hacer nudos siguió evolucionando a medida que la gente encontraba formas de crear nuevos nudos. Cada vez que pensaban que no había más formas de hacer un nudo, añadían otra vuelta o bucle y terminaban con una estructura nueva y a menudo más compleja.

La revolución de los nudos

Uno de los mayores descubrimientos en el campo de los nudos fue su aplicación en los veleros. Los nudos se utilizaban de muchas maneras en los barcos, incluida la jarcia, un sistema que los marineros utilizaban para controlar sus embarcaciones. Aunque ya se habían utilizado nudos primitivos en los barcos, la práctica se intensificó a principios del siglo XIX, cuando se inventaron nuevos usos. En esa época, la gente empezó a transportar todo en barco, incluidos grandes objetos y animales (ya que no había aviones, trenes ni coches). Atar la carga les permitía a los marineros asegurarla y evitar que se moviera a causa de una fuerte marea (o distracción en el caso de los animales). Simplemente hacían un nudo en el extremo de la cuerda que utilizaban para asegurar los objetos o los animales, y ya podían viajar seguros. Uno de los nudos más utilizados para este fin era el nudo de bolina, una forma de atar presumiblemente inventada por los antiguos egipcios.

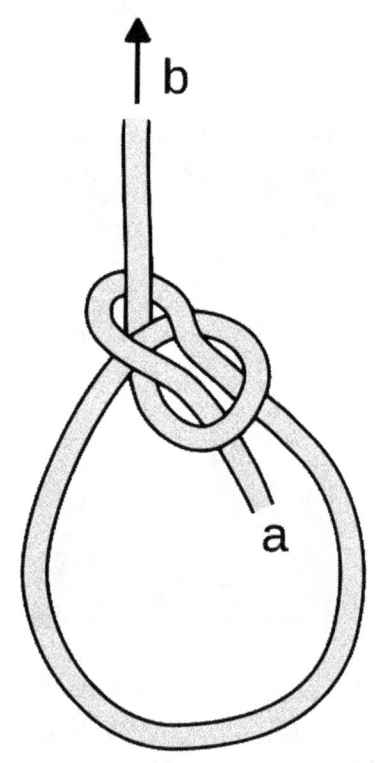

El nudo de bolina es una forma de atar presumiblemente inventada por los antiguos egipcios[18]

Los marineros y destacados artesanos del nudo desarrollaban a menudo estructuras nuevas y más seguras, muchas de las cuales se siguen utilizando hoy en día, no sólo en los barcos, sino en otras aventuras al aire libre.

Además de inventar continuamente nuevos nudos para asegurar las cosas en sus barcos, los marineros también practicaban un trabajo artístico con nudos llamado costura. Aunque el objetivo principal de estos nudos era decorar el barco, también servían de protección. Además, algunos marineros utilizaban patrones de nudos para identificar sus barcos. Algunos de los nudos más utilizados eran el flamenco, el francés y el de cabeza de turco. Aunque esta práctica ya no es tan común como antaño, algunos navegantes modernos siguen colocando nudos similares en sus timones, timoneras y ruedas de cabilla.

Los marineros también inventaron la medida llamada nudo (hoy conocida como nudo marinero), que utilizaban para medir la velocidad a la que su barco se desplazaba por el agua. Lo medían con un dispositivo que consistía en un trozo de madera en forma de tarta y una bobina de cuerda con nudos regularmente espaciados. Bajando el trozo de madera al agua, podían saber qué parte de la cuerda se desenredaba durante un tiempo determinado. Una vez transcurrido ese tiempo, tiraban de la cuerda y contaban el número de nudos de la parte que se había desenredado. El número de nudos les daba la velocidad del barco.

Usos modernos de los nudos

Aunque el uso de nudos en barcos y botes no es tan popular como lo era cuando estas embarcaciones eran los principales medios de transporte que utilizaba la gente para desplazarse (principalmente porque los barcos modernos funcionan con máquinas de vapor y no con el viento a través de las velas), la práctica de los nudos se ha abierto camino en muchos otros ámbitos de la vida.

Además de utilizarlos en la navegación de recreo y otras aventuras al aire libre, es posible que ya te hayas encontrado con algunos ejemplos de cómo hacer nudos sin darte cuenta. Por ejemplo, ¿has visto alguna vez a alguien hacerse un nudo de corbata o un jersey de punto? Incluso las piezas de tela cosidas pueden tener elementos que requieran ser atados o servir de adorno.

Las tejedoras de cestas y las tejedoras de alfombras también utilizan el nudo para crear sus piezas. Las chicas con el pelo largo suelen llevar intrincadas trenzas, que pueden incluir nudos. Y, si eres un aventurero al aire libre, probablemente te habrás encontrado (o te encontrarás en el futuro) con muchos tipos diferentes de nudos, ya que suelen ser utilizados para asegurar el equipo durante la acampada, la pesca, el montañismo, la escalada, el senderismo y muchos otros propósitos.

Más allá de hacer el viaje más agradable, saber cómo asegurar un nudo puede ser un salvavidas durante las aventuras en la naturaleza. Es posible que necesites nudos para unir cuerdas, de modo que tú y tu equipo permanezcan seguros y evites perder una pieza esencial que necesitarás más adelante (como comida, agua, primeros auxilios, equipo de acampada, linternas, etc.).

Otro uso popular de los nudos es el macramé, que los artesanos innovadores volvieron a popularizar en la década de 1970. Algunos de los nudos más utilizados en macramé son el nudo simple (que realmente tiene muchos usos), el nudo cuadrado, el nudo de clavo, la puntada en espiral y el nudo de cabeza de alondra.

Puntada espiral

Instrucciones:

1. Haz dos nudos de cabeza de alondra con dos hebras separadas en un bolígrafo.
2. Pasa la primera hebra por encima de la segunda y la tercera y por debajo de la cuarta.
3. Pasa la cuarta hebra por debajo de la tercera y la segunda hebra y por encima de la primera hebra.
4. Aprieta el nudo que has creado y repite los pasos 2 y 3 en el mismo lado varias veces. Tu patrón tomará forma de espiral de forma natural.

Los demás nudos comunes de macramé se describirán más adelante en el libro.

Las piezas de macramé suelen estar confeccionadas con cuerda de algodón, disponibles en muchos colores. Al igual que en otros usos, la práctica de los nudos en macramé se ha ampliado enormemente. Así,

Puntada espiral

todas las generaciones pueden disfrutar de él. A diferencia de su versión original, que sólo incluía complejos diseños, a la versión moderna se le suelen añadir cuentas de madera o plástico, cristales y otros objetos pequeños.

Como ves, los nudos son una herramienta versátil con numerosas funciones en la vida de la gente. Puedes utilizarlos para funciones esenciales, como se ha hecho desde el principio de los tiempos, en aventuras al aire libre, en pasatiempos artesanales o para otros fines: las opciones son prácticamente ilimitadas.

El significado de los nudos en las diferentes culturas

Más allá de sus fines prácticos o decorativos, los nudos tienen un significado distintivo en diferentes culturas de todo el mundo.

Símbolos celtas

El nudo celta es uno de sus emblemas más conocidos[14]

Los antiguos celtas utilizaban cariñosamente distintos símbolos para expresar sus creencias religiosas, ideas y descubrimientos. El nudo celta es uno de sus emblemas más conocidos; puede encontrarse en el arte celta y en objetos históricos como el Libro de Kells, un texto cuya cubierta está decorada con un elaborado trabajo de nudos. La cruz celta también fue originalmente diseñada como una forma de nudo que simbolizaba al dios Sol.

Entre los nudos celtas más notables se encuentra la Triquetra, a menudo conocida como el Nudo de la Trinidad. Sus tres distintas secciones, que representan la secuencia sagrada de los treses en la cultura celta, se crean a partir de una línea continua. Los antiguos creían que las cosas buenas venían de tres en tres y relacionaban este número con muchas cosas de la naturaleza, como las fases lunares.

¿Has oído la frase "atar el nudo"? Se utiliza cuando dos personas se casan porque, antiguamente, los novios se ataban las manos como parte de su ceremonia nupcial. Esta práctica procede de la cultura celta, donde se llamaba handfasting (algunos siguen utilizando este tipo de ceremonias hoy en día). Se pedía a los novios que se tomaran de la mano mientras una tercera persona les ataba las manos con un cordón o una cinta para que parecieran un nudo. Se utilizaban distintos colores para simbolizar lo que la pareja se prometía (por ejemplo, las cintas azules significaban confianza y devoción), de la misma forma que los recién casados se lo expresan en sus votos matrimoniales.

Símbolos egipcios

En el antiguo Egipto, los nudos eran vistos como símbolo de caminos infinitos y conexiones firmes. Ambos símbolos proceden de la reverencia de los egipcios por sus dioses y diosas. Se utilizaban distintos nudos para representar la vida eterna de las deidades en ceremonias celebradas en su honor y para homenajear a quienes tenían buenos valores.

Símbolos chinos

Los chinos utilizaban los nudos en las bodas, y en las ceremonias modernas siguen estando presentes[15]

Al igual que los antiguos celtas, los chinos también utilizaban nudos en las bodas, y los nudos siguen apareciendo en las ceremonias modernas. Los nudos de la doble felicidad y del amor verdadero siguen siendo los más utilizados en las bodas chinas. Las parejas también pueden regalarse obras de arte con estos nudos antes de la boda.

En la cultura china, los nudos (sobre todo los rojos) son considerados símbolos de buena fortuna. Antiguamente, si una familia china quería ahuyentar la mala suerte de su vida, decoraba su casa con obras de arte con nudos rojos. Creían que, al alejar la desgracia, dejaban espacio para que la buena suerte entrara en su hogar. Otros nudos de la cultura china se utilizan para protegerse en situaciones peligrosas o cuando se cree que alguien quiere hacer daño a otro. Y al igual que tenían nudos para la unidad, los chinos también utilizaban los nudos para representar la libertad.

Sección 2: Primeros pasos

Hacer nudos es una habilidad básica que cualquiera puede aprender. Puede que no lo parezca, pero te darás cuenta de que hay muchas ocasiones en las que hacer un nudo es útil, tanto para divertirte como para trabajar en serio. Resulta útil conocer muchos tipos de nudos y saber cuándo utilizarlos, porque uno puede verse rápidamente en un aprieto en el que tenga que pensar sobre la marcha. Cuando se presente la situación y se requiera a una persona experta que sepa hacer nudos, tú serás el salvador que dé un paso al frente y sepa exactamente qué hacer.

Los nudos son perfectos para los aventureros que pasan mucho tiempo al aire libre. Ya sea acampando, pescando o escalando montañas, no saber mucho sobre nudos puede ponerte en dificultades en los momentos equivocados. Por eso, uno de los primeros pasos para convertirse en un experto en supervivencia y en una persona hábil es conocer los conceptos básicos. Una vez que domines lo básico, podrás pasar a nudos más complicados para impresionar a tus amigos y familiares. Prepárate para adentrarte en el increíble mundo de los nudos y dar rienda suelta a toda una serie de nuevas habilidades que te ayudarán a convertirte en la persona más chula del bosque, y de cualquier lugar en el que haya una cuerda cerca.

Los nudos se utilizan en los barcos, así como para afirmar plantas y árboles[16]

Además de en el exterior, hacer nudos te ayudará en muchas situaciones en casa o en la carretera. Por ejemplo, si piensas trasladar muchos bártulos en una camioneta, puede ser necesario atarlos para que no se caigan por el camino. Puede que un día tengas que remolcar a un amigo que se ha quedado atascado en el arcén. Saber hacer un nudo fuerte garantizará que el coche quede bien sujeto.

Los nudos suelen ser utilizados en jardinería para sujetar árboles o plantas. En la construcción, los nudos se emplean para sujetar equipos, materiales de construcción y embarcaciones. Así que, a medida que crezcas, encontrarás más usos para lo que has aprendido en este libro. Lo mejor es que empieces a aprender ahora para ir siempre un paso por delante ¡y que ninguna situación complicada te pille desprevenido!

Kit básico para hacer nudos: Herramientas y materiales necesarios para hacer nudos

Todos los expertos en aventuras dicen que, cuando se va de excursión, es muy importante llevar una cuerda fuerte en la mochila. A los constructores y mecánicos también les encantan las cuerdas porque pueden hacer muchas cosas útiles en el trabajo o en un garaje. Conocer las distintas cuerdas y herramientas te convierte en un héroe de los nudos.

Es muy inteligente tener una cuerda y un kit de nudos listos para emergencias. Con una cuerda y algunos artilugios como ganchos, pinzas y poleas, puedes hacer increíbles herramientas para ayudarte. ¿Necesitas levantar algo pesado? Una polea te lo pondrá fácil. ¿Quieres colgar una hamaca en el bosque o mantener tus cosas a salvo de los animales atándolas a un árbol? O tal vez necesites mantener las cosas atadas en una obra o arreglar algo rápidamente en casa. En estos casos, el kit de nudos resulta muy útil. Puedes llevar tu kit en una bolsa pequeña o dejarlo en el coche de tu familia. Con las habilidades y el equipo adecuados, estarás preparado para resolver cualquier problema con una cuerda e inteligencia para hacer nudos.

Tipos de cuerdas

Las cuerdas son superimportantes para hacer nudos: ¡la estrella de tu kit de nudos! Puedes prescindir de algunas herramientas, pero sin duda necesitas cuerda, porque sin cuerda no hay nudos. Hay muchas cuerdas diferentes para distintas tareas, y aquí tienes una guía rápida de algunas de ellas:

- **Cuerda de algodón:** Buena para jardinería y para decorar tu habitación. Es respetuosa con el planeta, pero no le gusta mojarse porque se vuelve más pesada y puede romperse con facilidad.

- **Cuerda de nailon:** A los aventureros les encanta. Es muy resistente, se dobla bien y puede transportar cosas pesadas sin sudar.

- **Cuerda de manila:** Fabricada a partir de plantas, es fantástica para trabajos de jardinería, pero no le gusta demasiado el agua, se encoge y puede romperse al cabo de un rato.

- **Cuerda de polipropileno:** Los constructores y amantes de los barcos la utilizan porque es ligera, resistente e incluso flota en el agua.

- **Cuerda de poliéster:** Es muy resistente y no se estira ni le molesta el calor. Ideal para atar cosas con seguridad o para astas de bandera.

- **Cuerda de HMPE:** Super resistente, ¡incluso más que el acero! Perfecta para aventuras al aire libre porque permite hacer muy buenos nudos.

Cada tipo de cuerda tiene su función especial, ¡así que elige la cuerda adecuada para tu aventura o proyecto!

Clip

Los clips pueden ser de plástico o de metal. Los clips especializados, como los mosquetones, se utilizan en escalada. Esta versátil herramienta te permite atar cuerdas a muchos elementos diferentes de formas únicas.

Poleas

Una polea es una rueda sobre la que pasa una cuerda. Las poleas ayudan a reducir el peso de los objetos y pueden utilizarse en distintas combinaciones para facilitar el levantamiento y el traslado de objetos pesados.

Anillas

Las anillas son sencillos círculos metálicos que se pueden utilizar para atar objetos de distintas formas. El sencillo diseño de la anilla permite utilizarla de forma creativa en muchos escenarios y es una herramienta muy práctica para llevar siempre encima.

Tijeras

A veces, debes acortar una cuerda o no tienes más remedio que cortar un enredo. Una tijera es una herramienta sencilla que todo el mundo tiene por casa y que siempre puede ser útil a la hora de hacer nudos o trabajar con cuerda.

Cornamusa

Una cornamusa es un objeto en forma de T, normalmente de madera o metal. Esta herramienta se fija a una superficie plana para que puedas atar una cuerda alrededor de ella. Las cornamusas se utilizan en los muelles para amarrar las embarcaciones.

Gancho

Un gancho es una pieza curva de metal que sirve para colgar objetos. Tener cerca algunos ganchos atornillables puede ser útil en muchas situaciones en las que necesites asegurar algo o colgar objetos.

Aplicaciones prácticas de los nudos

Saber sólo uno o dos nudos no es suficiente, porque las distintas aventuras requieren diferentes tipos de nudos. Piénsalo: todos los días utilizas un nudo para atarte los zapatos antes de salir. Los nudos son muy útiles para atar cosas, transportar objetos pesados y mantener las cosas en su lugar.

Algunos nudos son fáciles de desatar cuando es necesario, y otros son super resistentes y no se aflojan pase lo que pase. Con todos los nudos que puedes aprender, siempre encontrarás el perfecto para lo que estés haciendo, tanto si necesitas mantener algo bien atado como bajar suavemente algo pesado hasta el suelo.

Los nudos no sirven sólo para una cosa; se utilizan en todas partes, desde el hogar hasta la naturaleza, e incluso en todo tipo de trabajos. Este libro te convertirá en un campeón del nudo, listo para cualquier situación, ya sea junto a un lago, en el océano, en tierra firme, construyendo algo, de acampada o de caza. Los nudos ayudaron a la gente a construir cosas asombrosas y son una habilidad estupenda que ha caído un poco en el olvido. Pero una vez que te sumerjas en el mundo de los nudos, ¡verás lo increíbles e importantes que son!

Terminología básica de nudos

Cuando comiences a aprender a hacer nudos, las instrucciones utilizarán palabras comunes. Si no entiendes el significado de estas palabras, podrías perderte rápidamente, provocando un montón de dificultades innecesarias. Las palabras que se detallan a continuación te ayudarán a que parezca que sabes de lo que estás hablando y te permitirán seguir las instrucciones correctamente.

Catenaria

Describe la parte de la cuerda que se encuentra entre los dos extremos. Se utiliza principalmente para referirse a cualquier sección curva de una cuerda que no ha sido atada.

Bucle

Una vez que las dos partes de la cuerda se cruzan, el nudo se convierte en un bucle. Un bucle se formará por encima o por debajo, dependiendo de la posición de la cuerda. Si el extremo de trabajo pasa por encima de la parte estacionaria, se trata de un bucle *por encima*; si pasa por debajo de la parte estacionaria, se trata de un bucle *por debajo*.

Punto de cruce

El punto de cruce es donde dos secciones de la cuerda se cruzan para formar un bucle.

Extremo de trabajo

El extremo de trabajo es la sección de la cuerda que está manipulando para hacer el nudo.

Parte estacionaria

La parte estacionaria también se conoce como extremo fijo. Es el extremo de la cuerda que no estás utilizando activamente para hacer un nudo.

Práctica, práctica y práctica

Cuando comiences a hacer nudos por primera vez, te resultará difícil. Puede que tengas que repasar las instrucciones y moverte despacio. Cuanto más practiques, más rápido y mejor lo harás. Si trabajas tus habilidades para atar cuerdas, estarás preparado cuando llegue el momento de ponerlas en práctica. No basta con leer sobre los distintos tipos de nudos y sus usos. Debes salir ahí fuera y ensuciarte las manos.

Pon a prueba tus habilidades y conocimientos

1. ¿Qué es una *polea* y para qué sirve?
2. Si tuvieras que fabricar un equipo para atar cuerdas, ¿qué elementos incluirías?
3. ¿Por qué es importante llevar siempre una cuerda encima si vas a salir a la naturaleza?
4. Enumera cinco usos que podrías dar a las cuerdas en tu vida cotidiana.
5. ¿Qué es una "catenaria"?
6. ¿A qué se refiere el "bucle" cuando se hace un nudo?
7. ¿A qué se refiere el "extremo de trabajo" al hacer un nudo?
8. ¿Qué parte de la cuerda es el *extremo fijo* al hacer un nudo?
9. ¿Qué utilidad tienen unas tijeras para hacer un nudo?
10. Nombra tres tipos de cuerdas y sus usos.

Sección 3: Nudos básicos

Ahora que has aprendido algunas palabras interesantes sobre nudos y para qué sirven, ¡ya estás listo para empezar a hacer nudos! Recuerda que aprender a hacer nudos es como aprender a caminar antes de poder correr. En primer lugar, trataremos los conceptos básicos. Es posible que ya conozcas algunos de estos nudos y que otros sean totalmente nuevos para ti. Empieza con los más sencillos y pronto estarás preparado para hacer nudos más complicados que utilicen los mismos conceptos.

Aunque estos primeros nudos son para principiantes, son muy útiles de muchas formas distintas. Aprenderás a hacerlos, así como dónde y por qué son útiles. Pero no te quedes ahí. Cuando los domines, prueba tus propias ideas. Aprender a hacer nudos consiste en ser creativo con cuerdas y cordeles. Así que, si crees que un nudo puede funcionar en otro sitio, ve a por él y pruébalo. Estos conceptos básicos te ayudarán a ver la cuerda de una forma totalmente nueva: no sólo como un trozo de cuerda, sino como una increíble herramienta para todo tipo de tareas y diversión.

Nudo llano [17]

Nudo llano

El nudo llano es una de las primeras técnicas que se aprenden porque se utiliza para los cordones de los zapatos. El nudo llano también es conocido como nudo de rizo, porque antiguamente se utilizaba para sujetar las velas cuando soplaban vientos huracanados. Este nudo funciona de maravilla para atar fardos, por lo que puede utilizarse tanto en casa como al aire libre. El nudo llano es utilizado incluso para atar vendas con fuerza cuando es necesario detener rápidamente la sangre de una herida. Este sencillo nudo es fácil de aprender y puede resultar útil en muchas situaciones si utilizas tu imaginación.

Como hacer un nudo llano:

1. Sujeta los dos extremos de una cuerda.
2. Toma el extremo con una mano y crúzalo sobre el extremo de la otra mano.
3. A continuación, toma el extremo que has cruzado por arriba y enróllalo por abajo.
4. Ahora, sujeta ambos extremos de la cuerda y repite el mismo proceso de envolver un extremo alrededor del otro.
5. Tira de ambos extremos para tensarlos.

Nudo de bolina

El nudo de bolina crea un bucle fijo en el extremo de tu cordaje. Por lo tanto, tendrás una cuerda con un círculo en el extremo. El bucle no es ajustable, por lo que deberás determinar el tamaño antes de apretar el nudo. La cuerda quedará bien sujeta y no resbalará en absoluto. Este nudo puede soportar mucho peso, y es fácil de desatar incluso después de haber transportado una carga pesada. Este nudo se ha utilizado en escalada y en misiones de rescate. Tuvo su origen en los veleros y se utilizaba para asegurar las anclas y las velas. El nudo de bolina es tu mejor opción para cualquier situación en la que necesites un lazo inamovible en el extremo de tu cordaje.

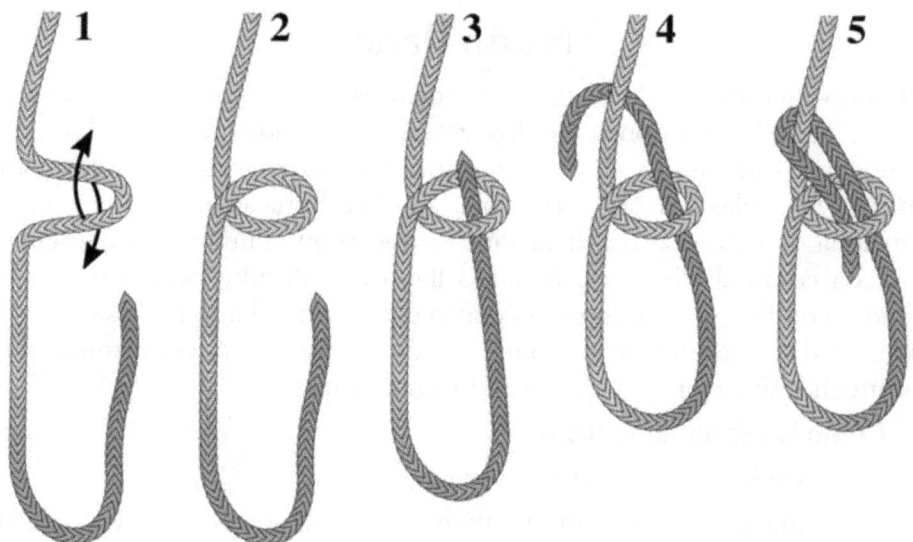

Nudo de bolina[18]

Como hacer un nudo de bolina:

1. Empieza creando un bucle.
2. Toma el extremo de trabajo de tu cuerda, enróllalo alrededor de la parte inferior del bucle y, a continuación, pásalo por el centro del agujero que has creado. Ahora deberías tener dos bucles: el bucle original, más pequeño, y el segundo, más grande, que acabas de hacer.
3. Agarra el extremo de trabajo que has pasado por el primer bucle más pequeño y envuélvelo debajo del extremo fijo.
4. Toma el extremo de trabajo y vuelve a enhebrarlo a través del bucle original.
5. A continuación, tira del extremo fijo y del extremo de trabajo para apretar el nudo.

Nudo de bolina en una gaza

Esta es una variación del nudo de bolina que acabas de aprender. Este nudo es un poco más complicado, pero si sigues las instrucciones con atención, podrás dominarlo sin mucho esfuerzo. Este nudo te permite crear un bucle en cualquier sección de la cuerda si el extremo no está disponible o no funciona para lo que quieres conseguir. El bucle creado por la bolina en una gaza se utiliza como punto de apoyo en situaciones de emergencia y también en escalada. Al igual que la bolina tradicional, el nudo de sujeción es fuerte. No se desliza, pero es fácil de desatar.

Nudo de bolina en una gaza[19]

Como hacer un nudo de bolina en una gaza:
1. Toma una sección doble de cuerda para formar un bucle.
2. Pasa el extremo de trabajo por el centro del bucle.
3. Separa el extremo de trabajo llevándolo a la parte inferior del bucle doble.
4. Enhebra el bucle doble a través del ojo que has creado al separar las secciones del extremo de trabajo.
5. Sujeta el extremo de trabajo y tira del bucle doble para apretar el nudo.

Nudo de la abuela

El nudo de la abuela es similar al nudo cuadrado, por lo que suele utilizarse para atar haces o una cuerda a un objeto. Este nudo no es tan fuerte como el cuadrado, por lo que no se lo utiliza con tanta frecuencia. La mayoría de las veces se opta por utilizar el nudo cuadrado en lugar del nudo de la abuela, pero es útil tener varias opciones. No puedes utilizar un nudo de la abuela para asegurar dos cuerdas porque puede deshacerse fácilmente con una carga pesada. Este nudo se utiliza a menudo para joyería o para pulseras.

Nudo de la abuela[20]

Como hacer un nudo de la abuela:

1. Empieza solapando dos extremos de tu cuerda.
2. Dobla una sección de tu cuerda, pásala por encima y, a continuación, introdúcela por el otro extremo.
3. Pasa el extremo opuesto por el bucle que has creado y tira para tensarlo.

Nudo de 8

El nudo de 8 también es conocido como nudo flamenco. Los escaladores suelen utilizar este nudo como tope porque se atasca contra una cuerda, lo que ayuda a bloquearla. El nudo puede deshacerse fácilmente, y se utiliza para que un escalador pueda desatarlo

Nudo de 8[21]

rápidamente mientras asciende velozmente por la montaña hasta la cima. Debes tener cuidado al utilizar este nudo como tope si soporta mucho peso porque, bajo una gran presión, puede deshacerse. Este nudo tiene una doble capa gruesa en su extremo.

Como hacer un nudo de 8:

1. Pasa el extremo de trabajo por encima del extremo fijo para formar un bucle.
2. Levanta y mueve el extremo de trabajo por debajo y alrededor del extremo de fijo.
3. A continuación, pasa el extremo de trabajo por encima y a través del bucle original que has creado.
4. Tira para apretar.

Nudo corredizo

El nudo corredizo también se utiliza como tope, al igual que el nudo de 8, porque es fácil de deshacer. Este nudo también se utiliza en labores de punto y ganchillo. Además, el nudo corredizo puede utilizarse para arrastrar o atrapar, ya que se tensa al tirar de él. El nudo también puede utilizarse para sujetar objetos, pero no debe soportar una carga pesada porque podría soltarse.

Nudo corredizo[39]

Como hacer un nudo corredizo:

1. Dobla la cuerda para crear un bucle abierto.
2. Sujeta el extremo de trabajo, crea otro bucle y, a continuación, pasa el extremo por encima de las dos líneas paralelas que has creado con el primer bucle abierto.
3. Después de pasar el extremo de trabajo por encima de las dos secciones de la línea de pie, envuélvelo por debajo de la cuerda y pásalo por el segundo bucle que has creado.

4. Envuélvelo alrededor de las dos secciones y a través del segundo bucle otras dos veces antes de tirar del bucle y del extremo de trabajo para tensarlo.

5. A continuación, podrás deslizar el nudo hacia arriba o hacia abajo para alargar o reducir el bucle.

Medio nudo

Este nudo se utiliza para asegurar una cuerda contra un objeto sólido, como un poste o un árbol. Puede atar objetos de valor que no quieras perder en un entorno salvaje. Este nudo también es ideal para asegurar una tienda de campaña o tender la ropa en el jardín.

Como hacer un medio nudo:

1. Comienza enrollando la cuerda alrededor de una columna para formar un nudo.

2. Sujeta el extremo de trabajo y crúzalo sobre el extremo fijo para formar un bucle alrededor de la columna.

Medio nudo [28]

3. Enhebra el extremo de trabajo a través del bucle por debajo del extremo fijo.

4. Tira para tensar antes de volver a pasar el extremo de trabajo por encima del bucle y alrededor de la columna para formar otro bucle.

5. Mete el extremo de trabajo por debajo del extremo fijo y vuelve a enhebrarlo a través del nuevo bucle que has creado.

6. Tira del extremo de trabajo para apretarlo.

Dos medios nudos

Este nudo es una forma del medio nudo, y puede aplicarse en muchas situaciones. Este nudo fuerte es seguro, pero también puede desatarse fácilmente. Puedes utilizar este nudo para colgar un columpio en el jardín o como asa para un cubo. Al igual que el medio nudo, es excelente para asegurar objetos a una columna sólida. El nudo parece casi un pretzel.

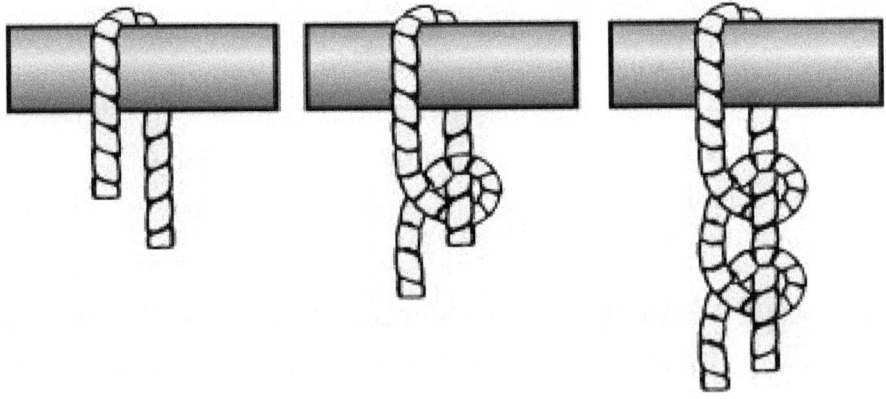

Medios nudos[24]

Como hacer un nudo de dos medios nudos:

1. Crea un bucle enrollando la cuerda alrededor de un poste.
2. A continuación, haz un medio nudo pasando el extremo de trabajo por debajo del bucle.
3. Para crear otro medio nudo, enrolla el extremo de trabajo alrededor de la cuerda.
4. Esta variante es ligeramente más segura que el medio nudo estándar.

Nudo simple

El nudo simple es extremadamente sólido hasta el punto de que a veces puede ser una desventaja porque se atasca y puede ser difícil de desatar. Cuando utilices este nudo, debes estar seguro de que quieres atarlo permanentemente, o de lo contrario correrás el riesgo de tener que cortar tu cuerda. Este nudo puede utilizarse para sellar paquetes o para asegurar objetos que no tienes por qué mover. Puedes atar este nudo en el extremo de la cuerda para evitar que se deshilache. Es uno de los primeros nudos que aprenden a hacer muchas personas.

Nudo simple[25]

Como hacer un nudo simple:
1. Empieza creando un bucle.
2. Enhebra el cabo de trabajo por debajo del extremo fijo.
3. Por último, enhebra el extremo de trabajo a través del bucle antes de tirar de él para apretarlo.

Pon a prueba tus habilidades y conocimientos

1. ¿Qué nudo simple se utiliza para atarse los cordones de los zapatos?
2. Nombra un uso del nudo de bolina.
3. ¿Por qué es importante saber hacer varios nudos?
4. Nombra dos nudos que puedan utilizarse como tapones.
5. ¿Por qué es mejor utilizar un nudo cuadrado que un nudo abuelita?
6. ¿Qué otro nombre recibe el nudo de 8?
7. ¿Para qué puede utilizarse un nudo corredizo?
8. Elige una de las variaciones de nudos que has aprendido que parezca complicada y pruébala con alguna cuerda que tengas cerca.
9. ¿Qué nudos utilizan los escaladores?
10. ¿Qué nudo utilizarías si quisieras atar dos cuerdas de distinto grosor?

Sección 4: Nudos náuticos

Los nudos náuticos son la columna vertebral de la vela, la navegación y las actividades marítimas. Estos nudos garantizan la seguridad, protección y funcionalidad de las embarcaciones. Desde asegurar los cabos hasta prevenir accidentes y daños, nunca se insistirá lo suficiente en la importancia de estos nudos. Conocer estos nudos hará que tus aventuras marítimas sean divertidas y prácticas.

Los nudos náuticos son la columna vertebral de las actividades marítimas[26]

Asegurar la seguridad

El principal objetivo de los nudos náuticos es contribuir a la seguridad de la embarcación y de todos los que se encuentran a bordo.

Los nudos bien atados evitan que los cabos se suelten, lo que resulta especialmente crucial en condiciones meteorológicas adversas o situaciones difíciles en el mar.

Dominio de los nudos náuticos básicos

Surcar los mares es mucho más divertido cuando se conocen algunos nudos náuticos básicos. Estos nudos sirven para todo, desde amarrar el barco al muelle hasta hacer bucles con los que se pueden hacer todo tipo de cosas útiles. Además, aprender estos nudos no sólo es útil, sino también muy divertido y bueno para el cerebro, ya que te ayudan a mover mejor las manos y los dedos.

Por qué los nudos náuticos son lo mejor:

- Son esenciales para hacer todo tipo de cosas importantes en el barco, como fondear y manejar las velas.
- Conocer el nudo adecuado para cada tarea hace que todo sea más seguro y fluido en el agua.

Nudos y cultura:

- Hacer nudos es algo muy importante en la cultura del mar, y algunos nudos son especiales para determinados lugares o embarcaciones.
- Compartir las habilidades con los nudos es una forma estupenda de mantener vivas las tradiciones marineras y de sentirse conectado con otros marineros del pasado y del presente.

Destacamos el nudo de clavo: Este nudo es muy práctico y fácil de atar, ideal para asegurar cosas en los barcos o incluso para hacer un asa rápida. Es sencillo, pero realmente fuerte.

El nudo de clavo es muy práctico y fácil de atar[27]

Como hacer un nudo de clavo:
1. Enrolla la cuerda alrededor de algo resistente, como un poste.
2. Cruza la cuerda sobre sí misma para formar una "X".
3. Envuélvela de nuevo de la misma manera.
4. Desliza el extremo por debajo de la última vuelta para fijarlo en su sitio. Asegúrate de que el extremo sale por el lado opuesto al que empezó.

Aprender estos nudos te convierte en parte de una bonita tradición y te proporciona una gran destreza para tu próxima aventura en el mar.

El enganche de cornamusa: El mejor aliado de un marinero

22 es perfecto para atar una cuerda a esas cosas en forma de T que hay en los muelles y barcos (se llaman cornamusas). Es fuerte, fácil de atar y muy importante para mantener los barcos donde deben estar.

Como hacerlo:
1. Comienza enrollando la cuerda alrededor de la parte inferior de la cornamusa, lejos de donde se tirará de la cuerda.
2. Cruza la cuerda hacia el otro lado de la cornamusa.
3. Haz una figura en ocho alrededor de los dos brazos de la cornamusa para mayor sujeción.
4. Termina enrollando la cuerda alrededor de un brazo de la cornamusa para mantenerla en su sitio.

Este nudo consiste en utilizar la fricción para evitar que la cuerda se mueva. Cuantas más vueltas hagas, más fuerte se mantendrá. Además, es fácil de desatar, lo que resulta ideal cuando hay que mover la embarcación con rapidez.

Usos y consejos:
- Ideal para amarrar barcos.
- Mantén la tensión uniforme mientras lo enrollas para asegurarte de que el nudo se mantiene fuerte.

Saber cómo atar un nudo de cornamusa facilita el atraque y la sujeción de cabos. Solo tienes que acordarte de hacer un bucle, cruzarlo y enrollarlo bien.

El genial nudo Vuelta de Escota

El vuelta de escota es un nudo fantástico para unir dos cuerdas, aunque sean de distinto tamaño o tipo. Es fácil de atar, muy fuerte y práctico en muchas situaciones.

Como hacerlo:

1. Haz un bucle (como una pequeña U) en la cuerda más gruesa.
2. Toma la cuerda más fina y empújala hacia arriba a través del lazo.
3. Enrolla la cuerda más fina alrededor del bucle y de nuevo bajo sí misma.
4. Tira del extremo de la cuerda más fina mientras sujetas el resto de las cuerdas. ¡Ahora tienes un nudo apretado y seguro!

El nudo Vuelta de Escota es perfecto para atar cuerdas que no son iguales y se mantiene fuerte cuando se tira mucho de él. Además, es fácil de desatar, lo que resulta estupendo cuando tienes que cambiar algo rápidamente.

El nudo de anclaje: El mejor amigo del marinero

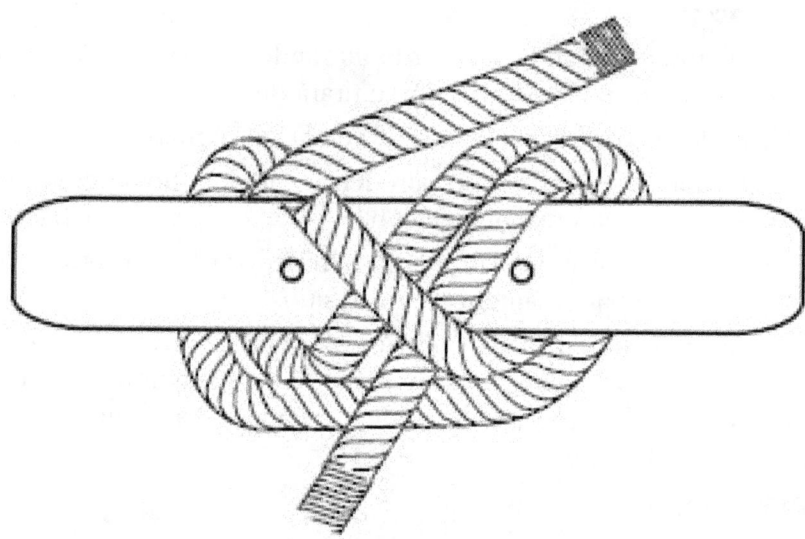

El nudo de anclaje es super resistente, perfecto para atar una cuerda a un ancla o una cadena[38]

El nudo de anclaje es super resistente, perfecto para atar un cabo a un ancla o cadena. Se sujeta bien y aguanta tirones repentinos, por lo que es la mejor opción para anclar embarcaciones con seguridad.

Como hacerlo:

1. Haz un pequeño lazo en el extremo de la cuerda.
2. Enrolla el extremo alrededor de la parte principal de la cuerda y del lazo varias veces.

3. Vuelve a meter el extremo entre las vueltas y tira de todo con fuerza. Ya tienes una conexión muy fuerte.

Por qué es increíble:

- Es ideal para dispersar el tirón de la cuerda, lo que significa menos riesgo de rotura.
- Perfecto para cuando el mar se agita y el ancla se mueve mucho.

Mantenerse a salvo en el agua: Amarrar bien el barco o el ancla es muy importante. Si no se hace correctamente, pueden producirse accidentes, como que la embarcación se vaya flotando o choque contra algo. A continuación, te explicamos por qué es importante hacer bien los nudos:

- **Evitar momentos de descuido:** Si una embarcación no está bien amarrada, podría derivar y causar un desastre, como chocar con otras embarcaciones o con el muelle.
- **Anclaje relajado:** Cuando echas el ancla en un buen sitio, el nudo de anclaje evita que tu barco se mueva demasiado, para que puedas relajarte o nadar sin preocupaciones.
- **El trabajo en equipo hace que el sueño funcione:** En las regatas, cambiar rápidamente las velas utilizando nudos como el nudo de anclaje puede ayudarte a adaptarte rápidamente al viento y mantenerte a salvo.

Aprender nudos como el nudo de anclaje puede hacer que tu navegación sea más segura y divertida, permitiéndote disfrutar del agua sin estrés.

Kayak y Nudos: Mantener los remos a salvo

Al navegar en kayak, es muy inteligente utilizar nudos en forma de ocho en las correas de los remos. Estos nudos actúan como topes, para que tu remo no se deslice por el río si las cosas se ponen feas. De este modo, te aseguras de que tu equipo importante permanezca contigo, permitiéndote concentrarte en la aventura sin preocuparte de perder nada importante.

Nudos en historias del mar y trabajo en equipo

Los marineros tienen algunas tradiciones interesantes con los nudos. Por ejemplo, llevar un nudo de cabeza de turco en la muñeca es como tener un amuleto de la suerte para protegerse en el mar. Estas tradiciones demuestran lo especiales y significativos que pueden ser los nudos en el mundo de la navegación.

Trabajar juntos para aprender nudos también puede ayudar a los marineros a unirse más como equipo y a sentirse conectados con la larga historia de la exploración marítima, en la que los nudos eran clave para mantenerse a salvo.

Aprender a hacer bien los nudos es muy importante. Mantiene a todos a salvo en el agua, evita contratiempos y mantiene vivo el espíritu de la navegación. No se trata sólo de atar cabos, sino de formar parte de un equipo y respetar los retos y tradiciones del mar.

Sección 5: Nudos para aventuras al aire libre

Cuando se practican actividades al aire libre como la escalada, la acampada o actividades en el bosque, es primordial tener un sólido dominio de las habilidades esenciales, en particular del atado de nudos. Esta sección se centra en los nudos fundamentales para la escalada, cada uno de los cuales es crucial para garantizar la seguridad y la practicidad durante diversas aventuras al aire libre.

Nudo de escalada[29]

Nudos de escalada para aventuras seguras

Conocer los nudos de escalada es importante para divertirse y mantenerse seguro en las excursiones y escaladas. Veamos algunos nudos clave que querrás conocer:

Nudo Bachmann

Es ideal para subir cuerdas o rocas con suavidad. Te ayuda a escalar sin resbalar hacia abajo. El nudo Bachmann es perfecto para los escaladores que necesitan un nudo de fricción fiable. Se utiliza para ascender o descender por cuerdas, es resistente, ajustable y fácil de desatar.

Como hacerlo:

1. Crea un bucle en la cuerda, asegurándote de que sea lo suficientemente grande para que quepa alrededor de tu arnés o punto de enganche.
2. Pasa el bucle por debajo de la cuerda principal y, a continuación, enróllalo una vez más alrededor de la cuerda principal, formando una doble vuelta.
3. Enrosca el bucle sobre sí mismo, asegurándote de que pasa por encima de las vueltas que has creado.
4. Tira de ambos extremos de la cuerda para apretar bien el nudo en la cuerda principal.

Consejos:

- Asegúrate de dar dos vueltas apretadas y seguras alrededor de la cuerda principal.
- Desliza fácilmente el nudo hacia arriba o hacia abajo por la cuerda según sea necesario liberando la tensión.

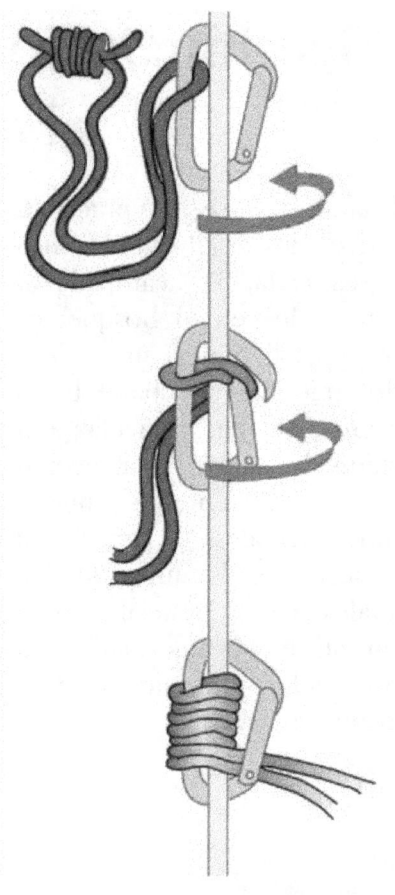

El nudo Bachmann es ideal para subir cuerdas o rocas sin problemas[80]

- Para desatarlo, libera la tensión y empuja el bucle a través de las vueltas.
- Practica atando y desatando hasta que confíes en tu capacidad para hacerlo correctamente.

Nudo Klemheist

Si necesitas trepar por una cuerda o salir de un lugar complicado, el nudo Klemheist es tu solución. Es genial para asegurarse de que puede subir fácilmente. Su capacidad de agarre lo hace ideal para ascender o descender por cuerdas, así como para asegurar cargas o crear asideros improvisados.

Como hacerlo:

1. Empieza formando un pequeño bucle en la cuerda, dejando suficiente holgura para el tamaño de agarre deseado.
2. Pasa el bucle por detrás de la cuerda principal y vuelve a pasarlo sobre sí mismo para formar un bucle simple.
3. Enrolla el bucle alrededor de la cuerda principal varias veces, normalmente de 3 a 5 vueltas dependiendo del grosor de la cuerda y de la fuerza de agarre deseada.
4. Pasa el extremo de trabajo del bucle a través del bucle inicial que has creado.
5. Tira de ambos extremos de la cuerda para apretar el nudo contra la cuerda principal.

El nudo Klemheist se basa en la fricción para sujetarse firmemente a la cuerda principal. Puedes ajustar fácilmente la posición del nudo a lo largo de la cuerda principal aflojándolo y deslizándolo hasta el lugar deseado. Para liberar el nudo, simplemente empuja las vueltas hacia abajo de la cuerda principal, permitiendo que se aflojen y que el nudo se desate.

Realiza siempre comprobaciones de seguridad para asegurarte de que el nudo esté atado correctamente y de forma segura antes de confiar en él para tareas de soporte o carga.

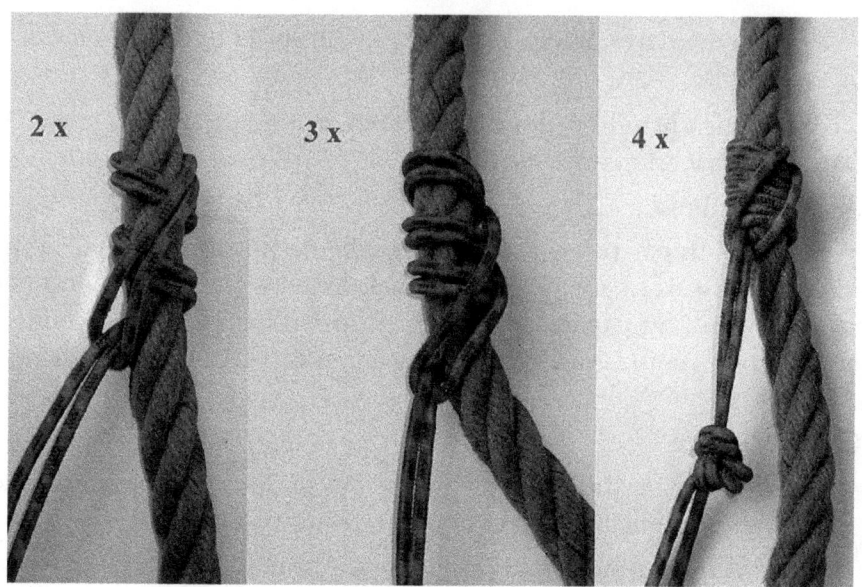

Nudo Klemheist [81]

Nudo autobloqueante

El nudo autobloqueante, también conocido como prusik francés, es un nudo crucial en el arsenal de los escaladores. Es un nudo de seguridad que ofrece fricción y seguridad en una cuerda de escalada. Este nudo resulta muy útil en situaciones en las que los escaladores necesitan asegurarse al asegurar o rapelar.

Como hacerlo:

1. Comienza formando un pequeño bucle en la cuerda, dejando suficiente holgura para el tamaño de agarre deseado.
2. Pasa el bucle por detrás de la cuerda principal y, a continuación, vuelve a pasarlo sobre sí mismo para formar un bucle simple.

Nudo autobloqueante [82]

3. Enrolla el bucle alrededor de la cuerda principal varias veces, normalmente de 4 a 6 vueltas dependiendo del grosor de la cuerda y de la fricción deseada.
4. Pasa el extremo de trabajo del bucle a través del bucle inicial que has creado, creando un nudo alrededor de la cuerda principal.
5. Tira de ambos extremos de la cuerda para apretar el nudo contra la cuerda principal, asegurándote de que las vueltas queden ajustadas y seguras.
6. Para liberar el nudo, simplemente empuja las vueltas hacia abajo de la cuerda principal, permitiendo que se aflojen y que el nudo se desate.

Realiza siempre comprobaciones de seguridad para asegurarte de que el nudo está atado correctamente y de forma segura antes de confiar en él para sujetarte.

Nudo de Pescador doble

¿Necesita atar dos cuerdas? El nudo de pescador doble es muy fuerte y fiable, perfecto para hacer cuerdas más largas o crear puntos de anclaje resistentes. Su resistencia y seguridad lo hacen muy popular en escalada, alpinismo y otras actividades al aire libre en las que es esencial contar con conexiones fiables.

Como hacerlo:

1. Coloca los dos extremos de las cuerdas paralelos entre sí, superpuestos al menos 30 cm.
2. Toma un extremo y enróllalo alrededor de ambas cuerdas, pasándolo por debajo y luego por encima de ambas cuerdas. Repite este movimiento tres veces, asegurándote de que cada envoltura esté bien ajustada y paralela a las demás.
3. Una vez completadas las vueltas, pasa el extremo de trabajo a través de las tres vueltas desde la misma dirección. Así se crea un bucle alrededor de ambas cuerdas.
4. Ahora, toma el otro extremo de la cuerda y repite el proceso de enrollado en la dirección opuesta. Envuélvelo alrededor de ambas cuerdas, pasándolo por debajo y por encima de ambas cuerdas tres veces.
5. Una vez completadas las vueltas, pasa este extremo por las tres vueltas desde la dirección opuesta. Asegúrate de que el nudo esté apretado y seguro.

6. Tira simultáneamente de ambos extremos de las cuerdas para apretar bien el nudo. Asegúrate de que las vueltas estén bien apretadas contra las cuerdas.

Aprender a atar el nudo de pescador doble es esencial para cualquiera que participe en actividades que requieran unir cuerdas de forma segura. Por su resistencia y fiabilidad, es un nudo del que dependen escaladores y aficionados a las actividades al aire libre en situaciones críticas.

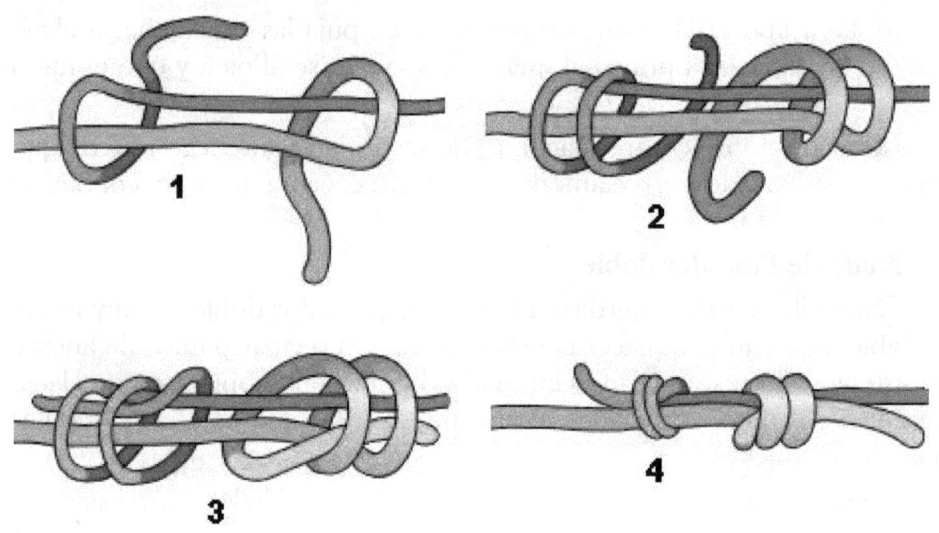

Nudo de Pescador doble[38]

Nudo en ocho

Se trata de un nudo básico pero muy importante para atarse al arnés o hacer lazadas en la cuerda. Es fácil de aprender y muy seguro. Se utiliza principalmente para crear un tope seguro en el extremo de una cuerda, evitando que se deslice a través de un dispositivo de aseguramiento o un punto de anclaje. Su sencillez y fiabilidad lo hacen indispensable para escaladores, espeleólogos, marineros y personal de rescate.

Como hacerlo:

1. Empieza formando un pequeño bucle en la cuerda, dejando suficiente holgura para el tamaño deseado del nudo.
2. Pasa el extremo de trabajo de la cuerda a través del bucle desde abajo, asegurándote de que la cuerda se cruza sobre sí misma.

3. Pasa el extremo de trabajo alrededor de la parte fija de la cuerda, formando un bucle que pase por detrás de la parte fija.
4. Vuelve a pasar el extremo de trabajo por el bucle original creado en el paso 1, asegurándote de que sigue la misma trayectoria.
5. Tira de ambos extremos de la cuerda para apretar bien el nudo. Asegúrate de que el nudo está bien hecho, sin torceduras ni enredos.

Fig. 9   Fig. 10

FIGS. 9 and 10.—Figure-eight knots.

Nudo en ocho ³⁴

Aprender y practicar estos nudos hará que tus aventuras de escalada sean mucho más seguras y divertidas. Se trata de dominarlos para que puedas utilizarlos fácilmente cuando salgas a explorar.

Dominar los nudos de aparejo

En las actividades al aire libre, la capacidad de atar nudos de aparejo eficaces es fundamental para tareas como la instalación de tiendas de campaña, la construcción de refugios, o la construcción de estructuras en el bosque. Profundicemos en una selección de nudos de aparejo clave, comprendamos sus aplicaciones y dominemos el arte de atarlos de forma segura y fiable.

Nudo de cuerda tensa

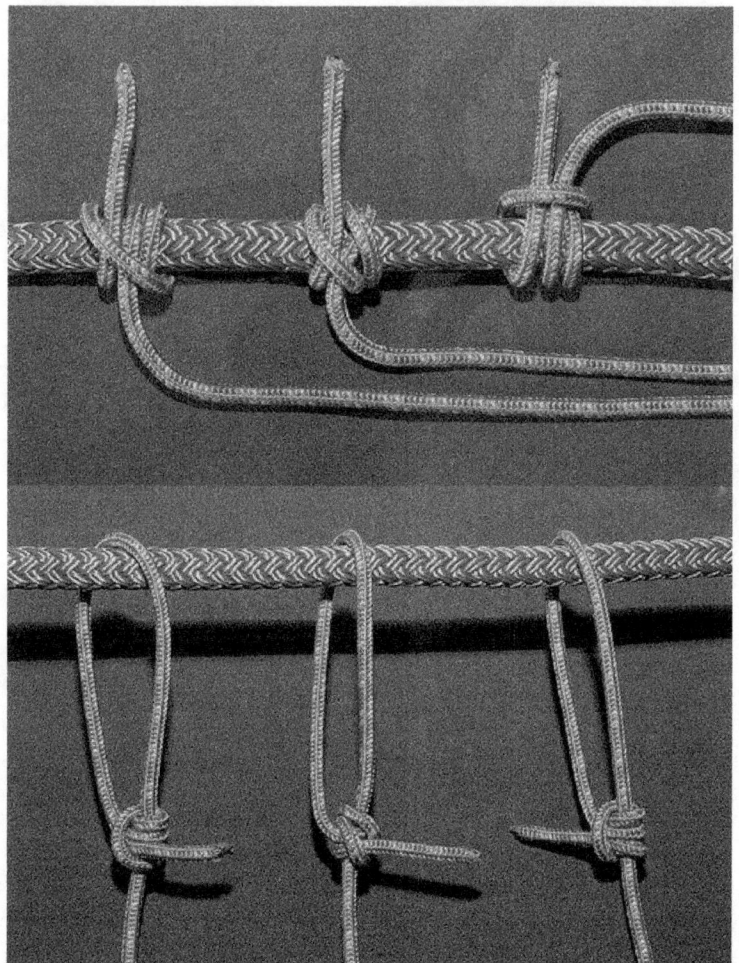

El nudo de cuerda tensa es muy apreciado por su capacidad para crear un bucle ajustable que mantiene la tensión sin deslizarse[35]

El nudo de cuerda tensa es muy apreciado por su capacidad para crear un bucle ajustable que mantiene la tensión sin deslizarse. Utilízalo para tensar las cuerdas de las tiendas de campaña o construir refugios, ya que permite ajustarlo fácilmente a las condiciones cambiantes.

Como hacerlo:

1. Empieza formando un bucle en la cuerda, dejando suficiente holgura para el tamaño deseado del enganche.
2. Pasa el extremo de trabajo de la cuerda alrededor de la parte fija (la longitud principal de la cuerda) desde atrás, creando un bucle.

3. Vuelve a pasar el cabo de trabajo alrededor de la cuerda, creando un segundo bucle paralelo al primero.

4. Pasa el extremo de trabajo a través de ambos bucles desde abajo, asegurándote de que sigue la misma trayectoria.

5. Tira del cabo para apretar bien el nudo. Para ajustar la tensión de la cuerda, simplemente desliza el nudo a lo largo de la parte fija de la cuerda.

Ya conoces el nudo de trinquete, que se utiliza para fijar un cabo a un poste. También puedes utilizarlo para construir estructuras al aire libre, atando cuerdas para crear uniones estables.

Nudo Leñador

El nudo leñador es excelente para sujetar objetos redondos (por ejemplo, árboles), por lo que resulta muy eficaz para fijar cargas a postes o ramas. Su capacidad de agarre bajo tensión lo convierte en una buena opción para transportar y sujetar cargas en diversos entornos, desde la explotación forestal hasta proyectos de construcción al aire libre.

Nudo leñador [86]

Como hacerlo:

1. Comienza enrollando la cuerda alrededor del objeto que quieres asegurar, dando al menos dos vueltas completas.

2. Después de enrollar la cuerda, cruza el extremo de trabajo sobre el extremo fijo (la longitud principal de la cuerda).

3. Pasa el extremo de trabajo por debajo de las vueltas que has dado alrededor del objeto.

4. Tira del extremo de trabajo para apretar bien el nudo contra el objeto. Asegúrate de que las vueltas estén bien apretadas y espaciadas uniformemente.

A pesar de su agarre firme, el nudo leñador es relativamente fácil de soltar después de soportar una carga, lo que lo hace conveniente para aplicaciones temporales. Para mayor seguridad, puedes hacer un medio nudo después del nudo de leñador para evitar que se deslice.

Nudo Prusik

Nudo Prusik[87]

El nudo Prusik, que debe su nombre al alpinista austriaco Karl Prusik, es un nudo versátil que sujeta la cuerda cuando está tensa y se desliza suavemente cuando está floja. El nudo prusik sirve para crear puntos de enganche ajustables en cuerdas de escalada o de aparejo durante las actividades de exploración. Es muy apreciado por su capacidad para sujetar con seguridad una cuerda cuando está tensionada, lo que les permite a los escaladores ascender o descender por las cuerdas con seguridad, así como en diversas situaciones de rescate.

Como hacerlo:

1. Comienza formando un pequeño bucle en un trozo de cuerda de menor diámetro, conocido como bucle Prusik.
2. Pasa el bucle Prusik alrededor de la cuerda principal (la cuerda por la que ascenderás o descenderás), asegurándote de que se cruza sobre sí misma.
3. Enrolla el bucle Prusik alrededor de la cuerda principal varias veces, normalmente de 3 a 5 vueltas dependiendo del diámetro de las cuerdas y de la fricción deseada.
4. Pasa el extremo del bucle Prusik a través de sí mismo, creando un nudo alrededor de la cuerda principal. Asegúrate de que el bucle pase por encima de las vueltas que has creado.
5. Tira simultáneamente de ambos extremos del bucle Prusik y de la cuerda principal para apretar bien el nudo.

Nudo de camionero

Nudo de camionero[88]

El nudo de camionero es un nudo que ofrece una fuerte tensión para sujetar cargas en la parte trasera del camión. Utiliza este nudo para atar estructuras o cargas pesadas en exteriores. Aporta una ventaja mecánica que te permite tensar la cuerda con seguridad, lo que lo convierte en un nudo ideal para el transporte, el camping y diversas actividades al aire libre en las que sea esencial contar con un amarre fuerte y fiable.

Como hacerlo:

1. Comienza formando un bucle en la cuerda cerca del objeto que vas a asegurar. Este bucle servirá de punto de anclaje para el nudo.
2. Toma el extremo de trabajo de la cuerda y pásalo a través del bucle, creando una configuración similar a un nudo corredizo.
3. Tira del extremo de trabajo de la cuerda alejándolo del punto de anclaje y pásalo alrededor del objeto que estás asegurando.
4. Vuelve a acercar el extremo de trabajo de la cuerda al punto de anclaje y pásalo a través del bucle que creaste antes, creando esencialmente un bucle alrededor de la parte de la cuerda que está tensa.

5. Tira del extremo de trabajo de la cuerda para apretar bien el nudo. Esto creará tensión en la cuerda, asegurando eficazmente la carga.

6. Para evitar que el nudo se afloje, termina con uno o dos medios nudos alrededor de la parte fija de la cuerda.

Dominar los nudos de pesca esenciales

Para los pescadores, aprender los mejores nudos de pesca es básico para el deporte; ¡esos anzuelos y señuelos deben permanecer en la línea! Profundicemos en los principales nudos de pesca, conozcamos sus aplicaciones y dominemos el arte de hacer nudos para disfrutar de una experiencia de pesca satisfactoria.

Nudo palomar

Nudo Palomar [89]

El nudo Palomar es un nudo muy popular entre los pescadores por su sencillez y resistencia. Es especialmente adecuado para atar el sedal a anzuelos, eslabones giratorios o señuelos. Gracias a su sujeción fiable y a su facilidad de atado, el nudo Palomar es la elección preferida de muchos aficionados a la pesca.

Como hacerlo:

1. Dobla el sedal y pásalo por el ojo del anzuelo, el giratorio o el señuelo, creando un bucle.

2. Haz un nudo simple con el sedal doblado, dejando un bucle lo suficientemente grande como para pasar el anzuelo, el giratorio o el señuelo.

3. Pasa el anzuelo, el giratorio o el señuelo a través del bucle creado por el nudo.

4. Humedece el nudo con agua o saliva para reducir la fricción y, a continuación, tira de ambos extremos del sedal para apretar bien el nudo contra el ojo del anzuelo, el giratorio o el señuelo.
5. Recorta el exceso de sedal que sobrepase el nudo, dejando un pequeño cabo para mayor seguridad.
6. Examina siempre el nudo palomar después de atarlo para asegurarte de que está bien apretado y de que no haya signos de deslizamiento o debilidad.

Nudo cerrado mejorado

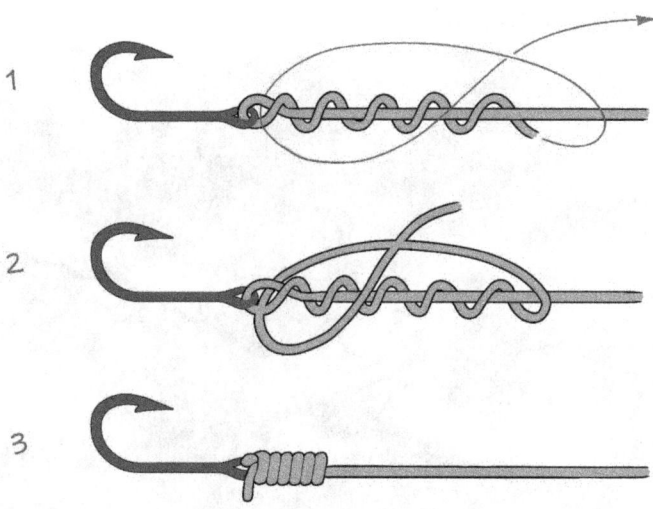

Nudo cerrado mejorado

El nudo cerrado mejorado es un nudo clásico utilizado por los pescadores para atar sedales a anzuelos, señuelos o eslabones giratorios. Es conocido por su fiabilidad, resistencia y facilidad de anudado, lo que lo convierte en el favorito de pescadores de todos los niveles.

Como hacerlo:
1. Pasa el extremo del sedal por el ojo del anzuelo o señuelo, asegurándote de dejar suficiente sedal para trabajar.
2. Toma el extremo suelto del sedal y enróllalo alrededor del sedal (el sedal principal) al menos cinco o seis veces. Asegúrate de que las vueltas sean limpias y estén bien apretadas.

3. Una vez terminadas las vueltas, pasa el extremo suelto por el bucle formado entre el ojo del anzuelo y las vueltas. Así se crea un nuevo bucle cerca del ojo del anzuelo.
4. Pasa el extremo de la hebra a través del bucle que acabas de crear. Esto formará un segundo bucle alrededor del sedal.
5. Humedece el nudo con agua o saliva para reducir la fricción y, a continuación, tira simultáneamente del extremo de la anilla y del sedal para apretar bien el nudo contra el ojo del anzuelo o señuelo.
6. Recorta el exceso de línea que sobresalga del nudo, dejando una pequeña marca para mayor seguridad.

Nudo Uni (bucle Duncan)

Nudo uni[40]

El nudo único, también conocido como bucle Duncan, ofrece resistencia y versatilidad, por lo que es adecuado para diversas aplicaciones de pesca. Utiliza el nudo uni para conectar anzuelos, eslabones giratorios o señuelos al sedal, ya que ofrece un nudo robusto y adaptable.

Como hacerlo:

1. Pasa el extremo del sedal por el ojo del anzuelo o señuelo, dejando unos centímetros de línea para trabajar.
2. Forma un pequeño bucle doblando el extremo de la línea en paralelo al sedal fijo (el sedal principal).
3. Toma el extremo del sedal y enróllalo alrededor de la línea doblada y de la línea fija, dando al menos de 4 a 6 vueltas. Asegúrate de que las vueltas sean limpias y estén bien apretadas.
4. Una vez completadas las vueltas, vuelve a pasar el extremo del sedal por el bucle que creaste en el paso 2, entrando por el mismo lado que el extremo de la anilla original.
5. Humedece el nudo con agua o saliva para reducir la fricción y, a continuación, tira simultáneamente del extremo de la línea y del sedal para apretar bien el nudo contra el ojo del anzuelo o señuelo.
6. Recorta el exceso de línea que sobresalga del nudo, dejando una pequeña marca para mayor seguridad.

Nudo de cirujano

Nudo de cirujano [41]

El nudo de cirujano es excelente para unir dos sedales. Los pescadores suelen utilizarlo para atar el bajo de línea al sedal o para unir dos trozos de sedal. Utilízalo para unir bajos de línea, aumentar el sedal o crear uniones fuertes entre sedales de distintos diámetros.

Como hacerlo:
1. Coloca los extremos de las dos líneas paralelos entre sí, superpuestos unos centímetros.
2. Haz un nudo simple pasando un extremo del sedal por encima del otro y luego enhebrándolo de nuevo a través del bucle creado.
3. Vuelve a pasar el mismo extremo del sedal por el bucle, creando un nudo doble. No lo aprietes del todo todavía.
4. Repite los pasos 2 y 3 con el extremo del otro sedal, haciendo otro nudo de doble vuelta alrededor de la parte que queda en pie del primer sedal.
5. Humedece los nudos con saliva o agua para lubricarlos y, a continuación, tira simultáneamente de ambos extremos de los sedales para apretarlos bien. Asegúrate de que ambos nudos queden bien apretados entre sí.
6. Recorta los extremos sobrantes del sedal cerca de los nudos, dejando una pequeña parte para mayor seguridad.

Nudo barrilito

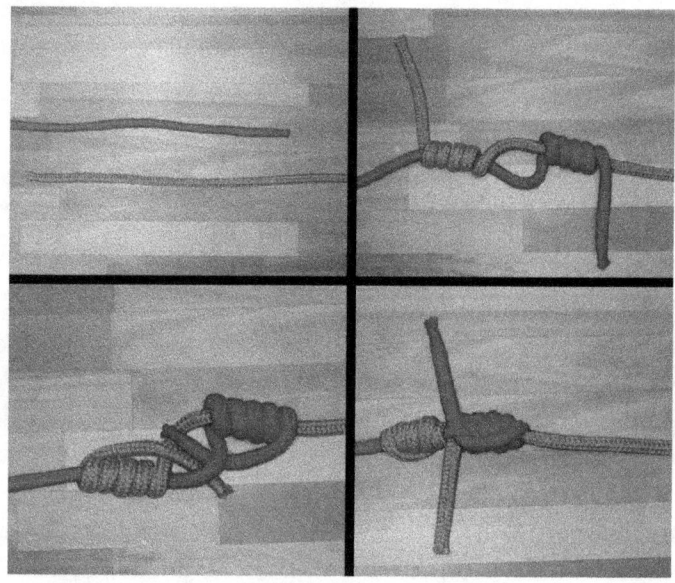

Nudo Barrilito[42]

El nudo barrilito es ideal para unir a la perfección dos sedales de diámetro similar, manteniendo la resistencia y la integridad. Utilízalo para crear bajos de línea o unir tramos de sedal.

Como hacerlo:

1. Coloca los extremos de ambas líneas en paralelo, superponiéndolos unos centímetros.
2. Haz un nudo simple pasando un extremo del sedal por encima del otro y luego enhebrándolo en el bucle creado. No lo aprietes del todo todavía.
3. Empezando por un extremo, enróllalo alrededor de la parte fija del otro sedal, dando al menos cinco vueltas. Asegúrate de que las vueltas sean ordenadas y estén bien apretadas.
4. Repite el paso 3 con el otro extremo del sedal, enrollándolo alrededor de la parte fija del primer sedal en la dirección opuesta.
5. Después de completar las vueltas con ambos extremos, pasa cada extremo por el medio de las vueltas, entrando desde direcciones opuestas.
6. Humedece los nudos con saliva o agua para lubricarlos y, a continuación, tira de ambos extremos de los sedales simultáneamente para apretar bien los nudos. Asegúrate de que ambos nudos queden bien ajustados entre sí.
7. Recorta los extremos sobrantes del sedal cerca de los nudos, dejando una pequeña parte para mayor seguridad.

Nudo arbor

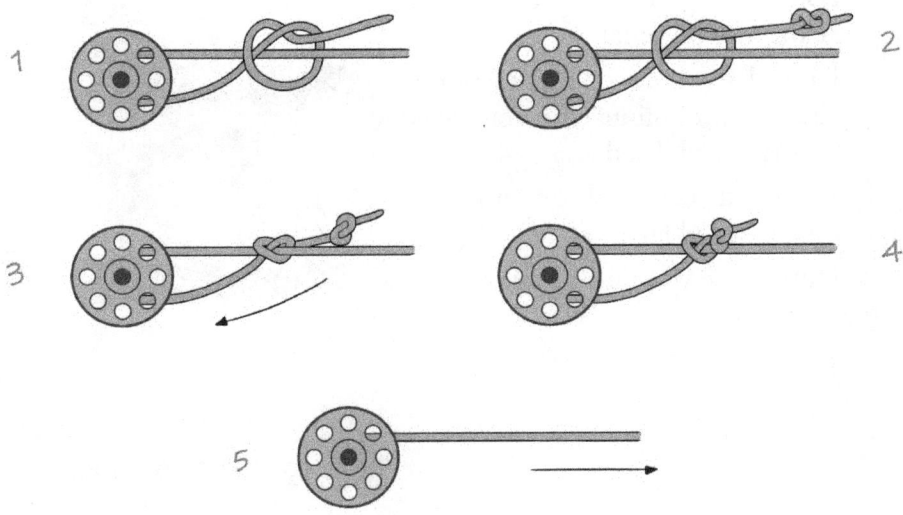

Nudo del cenador

El nudo del cenador está diseñado para fijar un sedal al carrete, garantizando una conexión fiable entre el sedal y la bobina. Utiliza este nudo al enrollar un sedal nuevo en tu carrete de pesca; tendrás una fijación segura y obtendrás un gran rendimiento de tu carrete.

Como hacerlo:
1. Pasa el sedal por el cenador.
2. Haz un nudo simple por encima del sedal.
3. Enrolla el extremo libre alrededor del cenador y del sedal.
4. Pasa el extremo libre a través del nudo.
5. Humedece y aprieta el nudo.
6. Recorta el sedal sobrante.

Nudo de lazo (nudo de lazo antideslizante)

El nudo de lazo (o nudo de lazo antideslizante) mejora la acción de los señuelos al permitirles moverse con mayor libertad, lo que lo hace adecuado para determinados tipos de señuelos. Utiliza el nudo de lazo cuando fijes señuelos diseñados para aumentar el movimiento y la acción en el agua.

Como hacerlo:
1. Forma un pequeño bucle en el extremo del sedal.
2. Pasa el extremo del sedal por el lazo y, a continuación, enróllalo alrededor del sedal.
3. Vuelve a pasar el extremo del sedal por el lazo.
4. Humedece y aprieta el nudo.

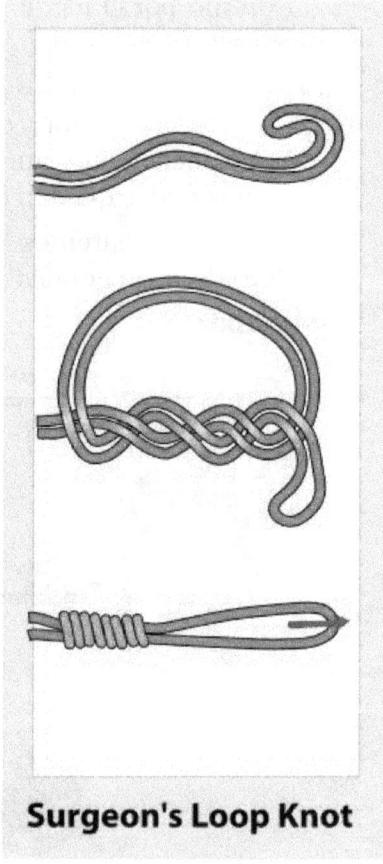

Nudo de lazo [48]

Construir estructuras en el exterior

Saber construir cosas es genial cuando te aventuras al aire libre. Aprender nudos especiales y formas de atar cuerdas es como desbloquear un poder secreto para hacer cosas fuertes e increíbles al aire libre. Aquí tienes algunos nudos clave que son geniales para construir:

Atalaje cuadrado japonés: Este nudo es muy fuerte y perfecto para hacer que las partes de tu fuerte exterior o cualquier otra cosa se peguen muy bien.

Como hacerlo:
1. Coloca dos postes en ángulo recto.
2. Enrolla la cuerda alrededor de ambos postes cerca de la intersección.
3. Haz un nudo en espiral alrededor del poste vertical.
4. Enrolla la cuerda firmemente alrededor de ambos postes, dando entre 5 y 7 vueltas.
5. Haz dos medios nudos alrededor del poste vertical.
6. Mete la cola por debajo de una vuelta para terminar.
7. Si es necesario, recorta el exceso de cuerda.

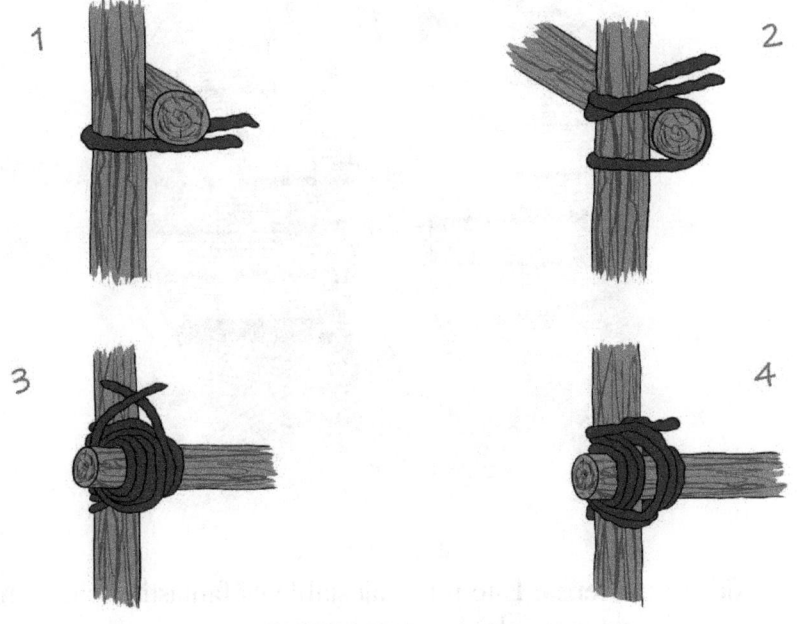

Atalaje cuadrado japonés

Nudo de cizalla: Este nudo mantiene las cosas en pie si estás construyendo algo que puede ser empujado por los lados.

Como hacerlo:

1. Coloca dos postes paralelos entre sí.
2. Coloca la cuerda sobre ambos postes, dejando un extremo colgando.
3. Enrolla la cuerda firmemente alrededor de ambos postes, dando varias vueltas.
4. Cruza la cuerda entre los postes.
5. Vuelve a enrollar la cuerda alrededor de ambos postes, pero en la dirección opuesta.
6. Haz dos medios nudos alrededor de uno de los postes.
7. Mete el extremo de la cuerda por debajo de una vuelta para terminar.
8. Si es necesario, recorta el exceso de cuerda.

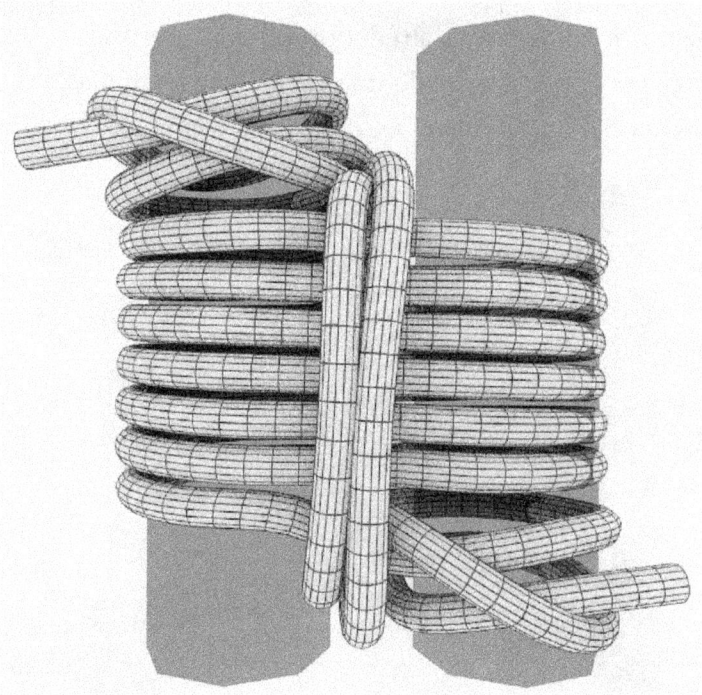

Nudo de cizalla"

Nudo de cuerda tensa: Este nudo ajustable es fantástico para tensar o aflojar las cuerdas de la tienda sin complicaciones.

Como hacerlo:
1. Enrolla la cuerda alrededor de un objeto fijo, formando un bucle.
2. Pasa el extremo libre de la cuerda a través del bucle.
3. Enrolla el extremo libre alrededor de la parte fija de la cuerda.
4. Vuelve a pasar el extremo libre a través del bucle, formando un segundo bucle.
5. Aprieta el nudo tirando del extremo libre mientras sujetas el extremo fijo.
6. Ajusta la tensión deslizando el nudo a lo largo del extremo fijo.

Nudo mariposa alpina: ¿Necesitas un lazo en medio de la cuerda? Este nudo es perfecto. Es ideal para colgar o atar cosas.
1. Forma un bucle en la cuerda, cruzando un extremo por encima del extremo fijo.
2. Vuelve a pasar el extremo por debajo del extremo fijo, formando un segundo bucle.
3. Cruza el extremo sobre el primer bucle y métalo debajo del segundo bucle.
4. Tira de los extremos para apretar el nudo, formando la mariposa alpina.

Nudo mariposa alpina"

Practicar estos nudos significa que puedes hacer todo tipo de construcciones chulas que resistan cuando estés explorando los grandes espacios al aire libre. ¡Imagínate los increíbles campamentos y refugios que puedes construir!

Nudos de supervivencia en la naturaleza

Ser rápido e inteligente con los nudos puede salvarte el día en la naturaleza. Estos son algunos de los nudos de supervivencia más importantes:

Nudo de torniquete: Si alguien está herido y sangra mucho, este nudo puede ayudarte a detener la hemorragia hasta que consigas ayuda.

1. Envuelve el miembro por encima de la herida con un trozo de tela o venda.
2. Haz un medio nudo con los extremos de la tela, asegurándote de que quede bien ajustado a la extremidad.
3. Haz un segundo medio nudo encima del primero, asegurando el torniquete en su sitio.
4. Si es necesario, introduce un palo o una varilla en el nudo para apretarlo aún más.

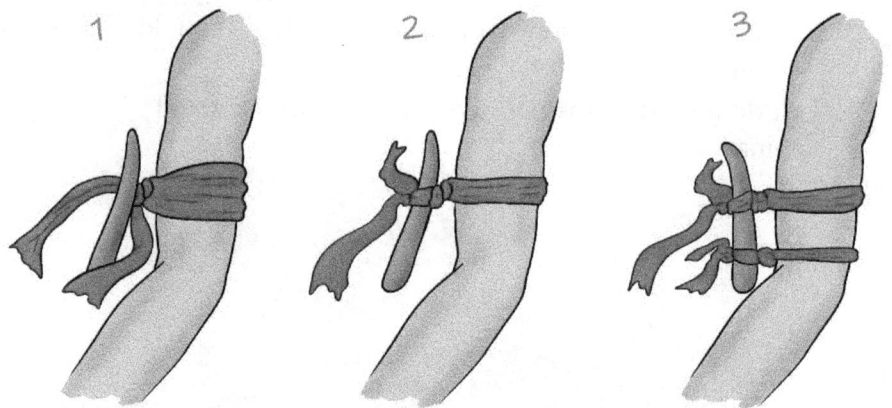

Nudo de torniquete

Amarre de trípode: Con tres palos y este nudo, puedes hacer un soporte resistente para refugios o para colgar cosas en lo alto.

1. Coloca tres postes paralelos entre sí, formando un trípode.
2. Haz un nudo en forma de clavo alrededor de uno de los postes, cerca de la parte superior.
3. Enrolla la cuerda firmemente alrededor de los tres postes, dando varias vueltas.
4. Termina con dos medios nudos alrededor de uno de los postes.

5. Mete el extremo de la cuerda por debajo de una vuelta para asegurarla.

6. Ajusta la tensión y la posición del amarre según sea necesario.

Nudo de silla de bombero: ¿Necesitas subir o bajar a alguien en caso de emergencia? Este nudo lo hace posible.

1. Haz un nudo en ocho en un extremo de la cuerda para crear un bucle.
2. Pasa el bucle alrededor de la cintura de la persona para formar un arnés.
3. Si lo deseas, crea bucles en las piernas para mayor estabilidad.
4. Haz un segundo nudo en ocho en una cuerda como refuerzo.
5. Sujeta la cuerda al arnés con un mosquetón o un nudo seguro.
6. Haz descender a la persona utilizando un dispositivo de aseguramiento o un nudo de fricción.
7. Mantén una comunicación clara durante todo el proceso.
8. Realiza comprobaciones de seguridad en todo el equipo y los nudos antes de bajar a la persona.

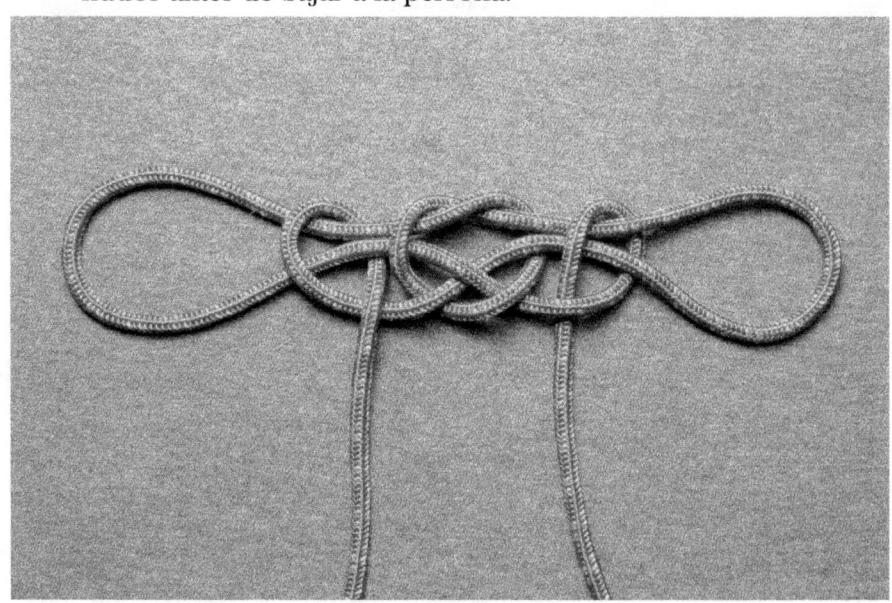

Nudo de silla de bombero[46]

Nudo ballestrinque: Rápido y fácil, este nudo te permite atar una cuerda a un poste o árbol de forma súper rápida, perfecto para hacer refugios u otras herramientas prácticas de supervivencia.

1. Pasa el extremo de la cuerda alrededor del objeto que vas a atar.
2. Cruza el extremo por encima de la parte fija de la cuerda para formar una X.
3. Cruza el extremo por debajo de la parte fija de la cuerda, formando un lazo.
4. Pasa el extremo por encima del objeto y a través del lazo.
5. Aprieta el nudo tirando de ambos extremos de la cuerda.

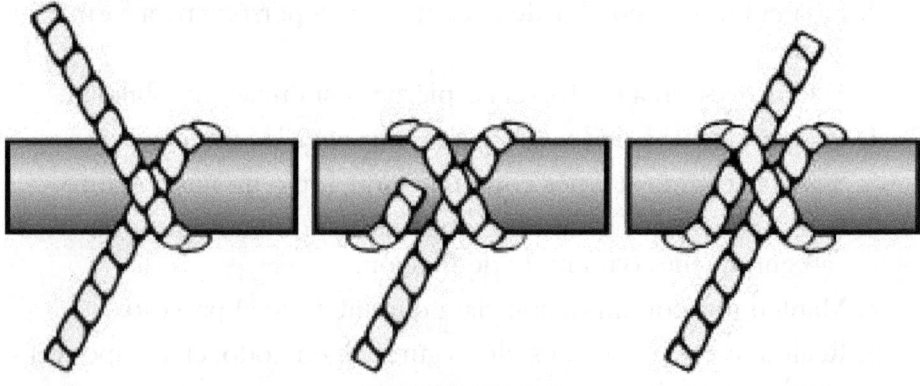

Nudo ballestrinque[47]

Conocer estos nudos te da las habilidades para lidiar con lugares difíciles en la naturaleza. Sigue practicando y estarás listo para cualquier cosa que te depare la naturaleza.

Sección 6: Nudos cotidianos

Hacer nudos es una habilidad estupenda que puedes utilizar de muchas maneras todos los días. Es perfecto para mantener tu tienda de campaña en su sitio, construir refugios y proteger tu equipo cuando vas de acampada, de excursión o a navegar.

En casa, puedes utilizar nudos sencillos para atar paquetes, mantener los zapatos en los pies o conservar los juguetes y otras cosas en orden. Los nudos también son importantes para quienes navegan, pescan o construyen, porque ayudan a que todo sea seguro y funcione mejor.

En situaciones de emergencia, como cuando hay que rescatar a alguien, saber hacer los nudos adecuados puede ser muy importante. Aprender a hacer nudos puede ayudarte a resolver mejor los problemas, a hacer cosas por ti mismo y a ser útil en todo tipo de situaciones.

Nudo de cordón simple

El nudo de cordón simple, a menudo llamado método de las «orejas de conejo», es muy fácil de hacer. Probablemente ya lo conozcas: empieza cruzando un cordón sobre el otro, creando una simple forma de X. A continuación, toma un extremo y pásalo por debajo del otro cordón, tirando de él a través del bucle creado. Aprieta el nudo tirando de los dos extremos al mismo tiempo.

Aplicaciones prácticas

El nudo de cordón simple es una forma rápida y eficaz de asegurar el calzado. Lo utilizarás cada vez que te pongas las zapatillas y en muchos otros lugares de la casa y el colegio. Mira a tu alrededor: ¡lo verás por todas partes!

Nudo de cordón doble

A partir del nudo simple, el nudo de cordón doble añade una capa adicional de seguridad. Después de crear el nudo inicial, repite el proceso cruzando un cordón sobre el otro y tirando de él a través del bucle de nuevo. De este modo se crea un bucle doble, ¡y el nudo es más fuerte!

Aplicaciones prácticas

El nudo de cordón doble es especialmente útil en situaciones en las que el calzado puede sufrir mucha acción, como deportes o educación física. Este nudo no se suelta con facilidad, ¡así que no tendrás que preocuparte de tropezarte por todas partes!

Tareas cotidianas

Los nudos no se limitan a los cordones de los zapatos, sino que tienen aplicación en varias tareas cotidianas. Por ejemplo, asegurar bolsas de aperitivos con un nudo ayuda a conservar su frescura, mientras que agrupar objetos con un nudo ayuda a guardar cosas.

Escuela y trabajo

Los nudos resultan útiles para sujetar mochilas o maletas y organizar materiales. Los estudiantes utilizan los nudos para sujetar materiales artísticos, y los profesionales pueden usarlos para atar cables o asegurar objetos durante el transporte.

Actividades recreativas

Los nudos son esenciales en actividades recreativas como la acampada, el senderismo y la pesca. Ya sea para montar una tienda de campaña, asegurar el equipo o improvisar soluciones sobre la marcha, ¡la habilidad para hacer diferentes nudos es muy importante en la naturaleza!

Herramientas universales en la vida diaria

Los nudos de cordón simple y doble se utilizan mucho en nuestra vida cotidiana. Mira a tu alrededor: encontrarás estos nudos manteniendo los zapatos bien apretados y ayudando a mantener las cosas bien organizadas.

Nudo de pescador

El nudo de pescador, también llamado bucle de pescador, es un práctico nudo de pesca[48]

El nudo de pescador, también llamado *bucle de pescador,* es un práctico nudo de pesca. Crea un fuerte bucle en el extremo del sedal para que puedas enganchar rápidamente el cebo u otros aparejos. A los pescadores les encanta porque nunca les falla.

Como hacer un nudo de pescador:

1. Empieza con un nudo de bucle básico en el sedal.
2. Enhebra el extremo suelto (es decir, el extremo del sedal) a través del bucle dos veces.
3. Humedece un poco el nudo para que sea más fácil apretarlo.
4. Tira al mismo tiempo del sedal principal y del sedal suelto para apretarlos.

Por qué es genial:

Es perfecto para atar con seguridad todas tus cosas de pesca. Funciona muy bien para diferentes tipos de pesca, ya sea en un lago o en el océano.

No solo para pescar:

- Úsalo para hacer un asa rápida en bolsas o atar cosas firmemente.
- Es ideal para acampar o para cosas al aire libre cuando necesitas un lazo en el que puedas confiar.

Un nudo super fuerte:

El nudo de pescador mantiene la mayor parte de la fuerza del sedal, incluso bajo mucha presión. Esto significa que el nudo se mantiene apretado, ¡incluso cuando hay un gran pez en la línea!

Nudo pajarita

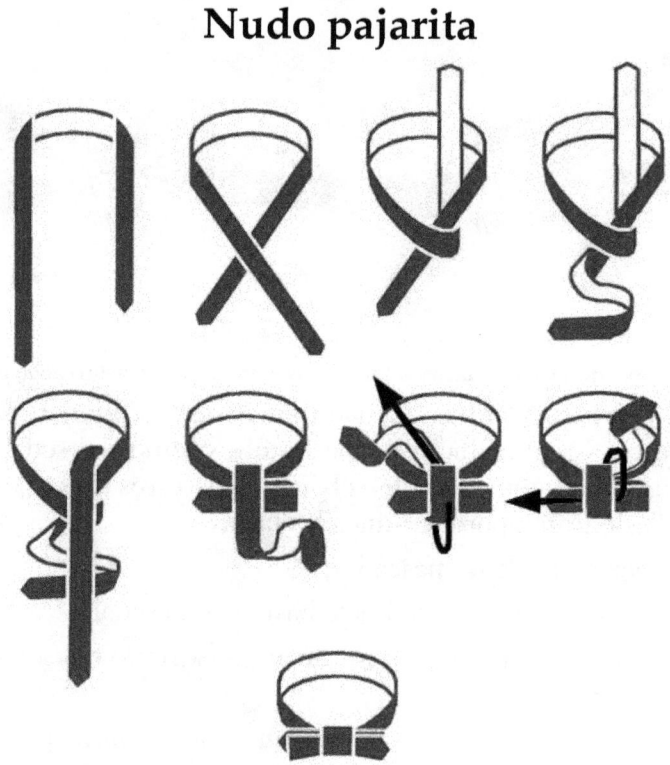

El nudo pajarita es un método clásico y elegante de anudar una corbata[40]

El nudo pajarita (también conocido como nudo mariposa) es un método clásico y elegante de anudar una corbata. Este nudo se asemeja a la forma de una pajarita; de ahí su nombre. Se utiliza habitualmente en ambientes formales y semiformales, añadiendo un toque de sofisticación al atuendo.

Hacer un nudo pajarita

1. Empieza con el extremo ancho de la corbata a la derecha y el estrecho a la izquierda.
2. Cruza el extremo ancho sobre el estrecho.
3. Lleva el extremo ancho alrededor y por detrás del estrecho, creando un bucle.

4. Tira del extremo ancho hacia arriba y a través del lazo.

5. Aprieta el nudo ajustando los extremos y el tamaño del bucle.

Aplicaciones prácticas

El nudo de pajarita se utiliza principalmente con corbatas, sobre todo cuando se busca un aspecto refinado y elegante. Suele elegirse para eventos formales, bodas o cualquier ocasión en la que se desee un toque de elegancia.

Alternativas al nudo pajarita

Aunque el nudo de pajarita es una elección clásica para las ocasiones formales, existen varios nudos alternativos que ofrecen versatilidad y se adaptan a distintos tipos de cuello, anchos de corbata y estilos personales. Experimentar con diferentes nudos les permite a las personas expresar sus preferencias de moda y adaptar sus elecciones de corbata a diversos entornos.

Nudo simple

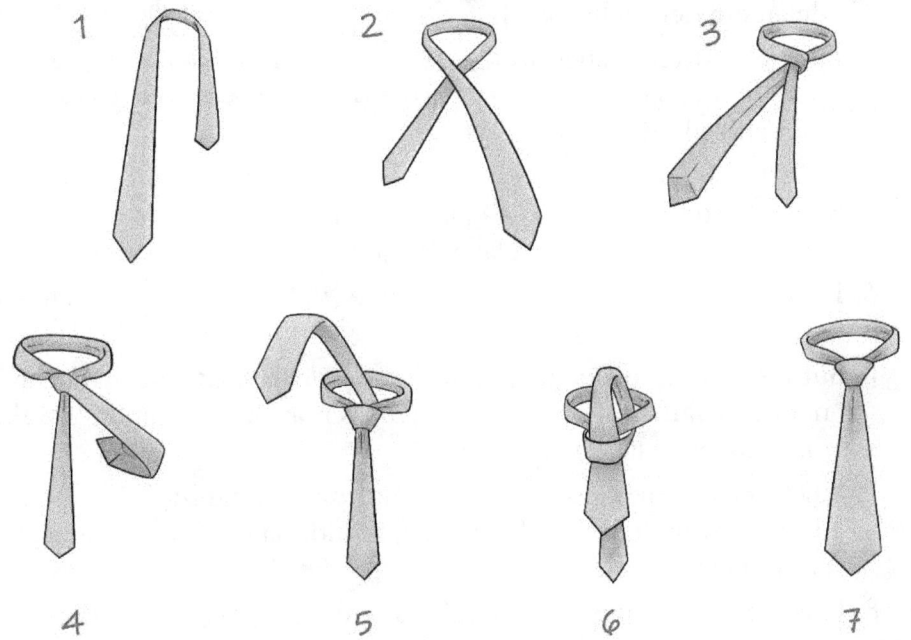

Nudo simple

El nudo simple es uno de los nudos de corbata más clásicos y utilizados. Es conocido por su sencillez, versatilidad y aspecto ligeramente asimétrico. Recibe su nombre de los conductores de carruajes del siglo XIX, que ataban sus pañuelos con este nudo, y es adecuado para la mayoría de las ocasiones, tanto informales como de negocios.

Como hacerlo:

1. Colócate la corbata alrededor del cuello con el extremo ancho a la derecha y el estrecho a la izquierda. Ajusta la longitud para que el extremo ancho sea más largo que el estrecho.

2. Cruza el extremo ancho de la corbata sobre el estrecho, formando una «X» en la parte delantera del cuello.

3. Pasa el extremo ancho por debajo del estrecho, de derecha a izquierda.

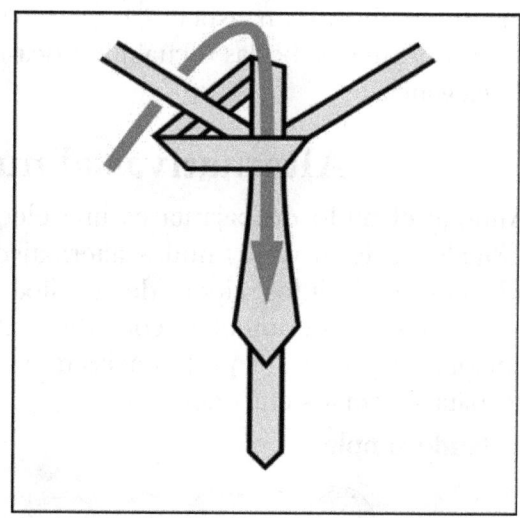

El nudo simple funciona muy bien para la mayoría de las corbatas y parece un poco descentrado[50]

4. Sube el extremo ancho por el lazo alrededor del cuello, pasándolo por debajo para crear un lazo diagonal en el lado derecho.

5. Pasa el extremo ancho por delante del nudo, de derecha a izquierda.

6. Sube el extremo ancho por la lazada de la parte delantera del nudo, pasándolo por debajo para crear una segunda lazada diagonal en el lado izquierdo.

7. Sujeta el extremo estrecho con una mano y utiliza la otra para deslizar el nudo hacia el cuello, ajustando la tensión y la simetría como desees.

8. Una vez que el nudo esté apretado a tu gusto, ajusta el cuello y la parte delantera de la corbata para garantizar un aspecto pulcro y elegante.

Nudo Windsor

Grande y con forma de triángulo, este nudo se adapta a camisas con cuellos anchos y es ideal para corbatas gruesas.

Como hacerlo:

1. Colócate la corbata alrededor del cuello con el extremo ancho a la derecha y el estrecho a la izquierda. Ajusta la longitud para que el extremo ancho sea más largo que el estrecho.
2. Cruza el extremo ancho de la corbata sobre el estrecho, formando una X en la parte delantera del cuello.
3. Lleva el extremo ancho por debajo del estrecho, pasándolo de derecha a izquierda.
4. Ahora lleva el extremo ancho hacia arriba a través del lazo alrededor del cuello, pasándolo por debajo para crear un bucle diagonal en el lado derecho.
5. Pasa el extremo ancho por delante del nudo, de izquierda a derecha.
6. Sube el extremo ancho por la lazada de la parte delantera del nudo, pasándolo por debajo para crear una segunda lazada diagonal en el lado izquierdo.
7. Pasa el extremo ancho hacia abajo a través del bucle de la parte delantera del nudo, creando un tercer bucle diagonal en el lado derecho.
8. Lleva el extremo ancho a través de la parte delantera del nudo una vez más, pasándolo de derecha a izquierda.
9. Pasa el extremo ancho hacia arriba a través del bucle de la parte delantera del nudo, creando un cuarto bucle diagonal en el lado izquierdo.
10. Sujeta el extremo estrecho con una mano y utiliza la otra para deslizar el nudo hacia el cuello, ajustando la tensión y la simetría como desees.
11. Una vez que el nudo esté apretado a tu gusto, ajusta el cuello y la parte delantera de la corbata para garantizar un aspecto ordenado y simétrico.

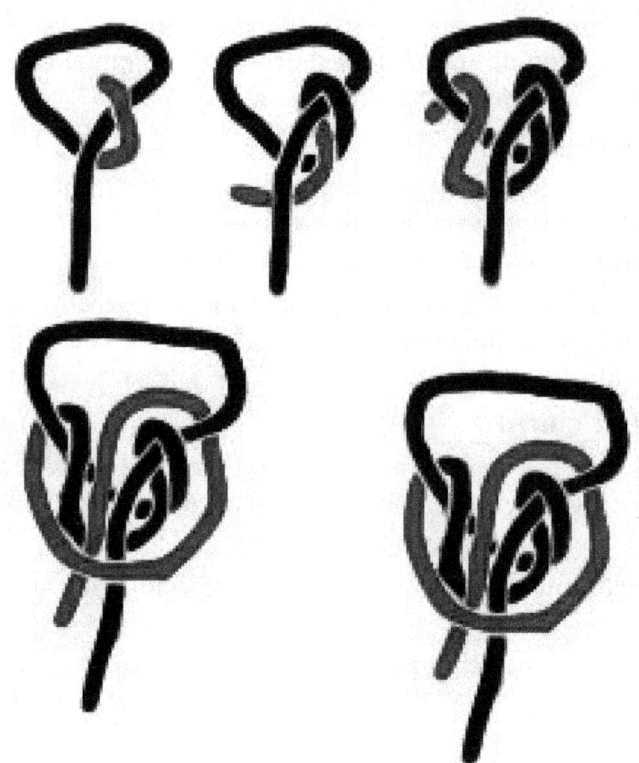

El nudo Windsor se adapta a camisas con cuellos anchos y es ideal para corbatas gruesas[51]

Nudo medio Windsor

No es tan grande como la Windsor, pero sigue siendo estupendo para todo tipo de eventos. Combina bien con corbatas de tamaño medio.

Como hacerlo:

1. Colócate la corbata alrededor del cuello con el extremo ancho a la derecha y el estrecho a la izquierda.
2. Cruza el extremo ancho de la corbata sobre el estrecho, formando una X.
3. Pasa el extremo ancho por debajo del estrecho, de derecha a izquierda, y luego por delante del nudo, de izquierda a derecha.
4. Sube el extremo ancho por el lazo que rodea el cuello, pasándolo por debajo para crear un lazo diagonal en el lado derecho.
5. Vuelve a pasar el extremo ancho por delante del nudo, de derecha a izquierda.

6. Sube el extremo ancho por la lazada de la parte delantera del nudo, pasándolo por debajo para crear una segunda lazada diagonal en el lado izquierdo.
7. Pasa el extremo ancho hacia abajo a través del bucle de la parte delantera del nudo, creando un tercer bucle diagonal en el lado derecho.
8. Sujeta el extremo estrecho con una mano y utiliza la otra para deslizar el nudo hacia arriba, en dirección al cuello.
9. Ajusta el cuello y la parte delantera de la corbata para garantizar un aspecto ordenado.

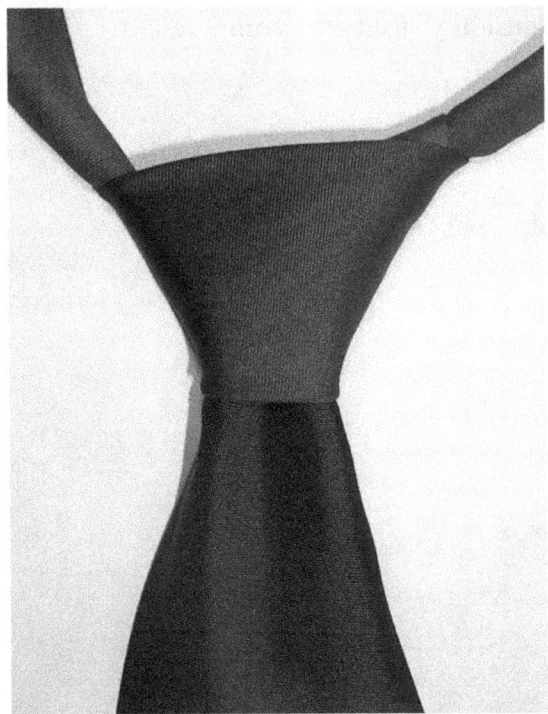

Nudo medio Windsor

Nudo Pratt

Algo así como el nudo simple, pero más ordenado y un poco más grande. Sirve para casi cualquier corbata.

Como hacerlo:
1. Comienza colocándote la corbata alrededor del cuello de forma similar a los estilos mencionados anteriormente y crúzala para formar una X.

2. Lleva el extremo ancho por debajo del estrecho, pasándolo de derecha a izquierda.
3. Ahora lleva el extremo ancho hacia arriba a través del lazo alrededor del cuello, pasándolo por debajo para crear un lazo diagonal en el lado izquierdo.
4. Lleva el extremo ancho a través de la parte delantera del nudo, pasándolo de izquierda a derecha y hacia arriba a través del bucle en la parte delantera del nudo, pasándolo desde abajo para crear un segundo bucle diagonal en el lado derecho.
5. Crea un tercer bucle diagonal en el lado izquierdo.
6. Ajusta la tensión y la simetría como desees.

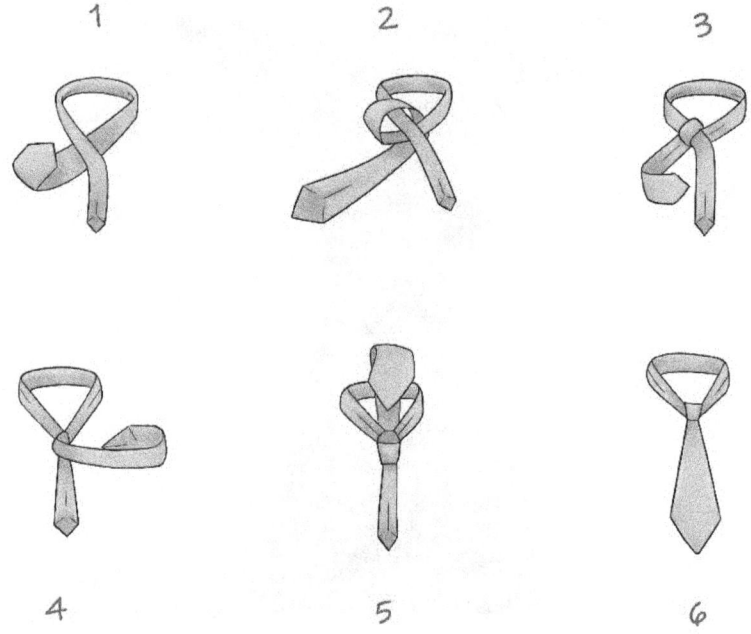

Este nudo sirve para casi cualquier corbata

Nudo Eldredge

Este nudo, que lleva el nombre de su creador, Jeffrey Eldredge, no es apto para pusilánimes, pero su uso es toda una declaración de intenciones. Aunque puede requerir cierta práctica, el nudo Eldredge es una opción única y elegante para quienes buscan destacar con su corbata.

Como hacerlo:

1. Comienza haciendo el lazo como en los nudos anteriores.
2. Haz una X cruzando el extremo ancho de la corbata sobre el estrecho.
3. Sube el extremo ancho por el lazo alrededor del cuello, pasándolo desde abajo para crear un lazo diagonal en el lado izquierdo.
4. Pasa el extremo ancho por delante del nudo, de izquierda a derecha.
5. Sube el extremo ancho por la lazada de la parte delantera del nudo, pasándolo por debajo para crear una segunda lazada diagonal en el lado derecho.
6. Pasa el extremo ancho hacia abajo por la lazada diagonal inferior del lado derecho del nudo.
7. Pasa el extremo ancho hacia arriba por la lazada diagonal superior del lado derecho del nudo.
8. Vuelve a pasar el extremo ancho por la parte delantera del nudo, de derecha a izquierda.
9. Pasa el extremo ancho hacia abajo a través del bucle de la parte delantera del nudo, creando un tercer bucle diagonal en el lado izquierdo.
10. Una vez apretado el nudo, ajústalo para que quede bien ordenado.

Nudo Eldredge[53]

Nudo Celta

El nudo celta, también conocido como nudo trinidad, es un elegante e intrincado nudo de corbata que se asemeja a un símbolo celta de tres puntas. Es una elección de nudo menos común, pero ofrece un aspecto único y llamativo que sin duda llamará la atención.

Como hacerlo:

1. Colócate la corbata alrededor del cuello y crúzala, formando una X en la parte delantera del cuello.
2. Sube el extremo ancho por el bucle alrededor del cuello, pasándolo por debajo para crear un bucle diagonal en el lado izquierdo.
3. Pasa el extremo ancho por delante del nudo, de izquierda a derecha.
4. Sube el extremo ancho por el bucle de la parte delantera del nudo, pasándolo por debajo para crear un segundo bucle diagonal en el lado derecho.
5. Pasa el extremo ancho hacia abajo por el bucle diagonal inferior del lado derecho del nudo.
6. Pasa el extremo ancho hacia arriba por el bucle diagonal superior del lado derecho del nudo.

Nudo Kelvin

El nudo Kelvin es un nudo de corbata menos conocido que ofrece un aspecto único y asimétrico. Llamado así en honor al físico Lord Kelvin, este nudo presenta una distintiva estructura de nudo diagonal que añade un toque interesante a tu corbata. Aunque no es tan común como otros nudos, el nudo Kelvin es una opción elegante para quienes buscan destacar con su elección de corbata. He aquí cómo hacerlo:

Como hacerlo:

1. Enrolla la corbata y forma una X cruzando los dos extremos como has hecho antes.
2. Lleva el extremo ancho por debajo del estrecho, pasándolo hacia el lado izquierdo.
3. Lleva el extremo ancho hacia arriba a través del bucle alrededor del cuello, creando un bucle diagonal en el lado izquierdo del nudo.

4. Lleva el extremo ancho por la parte delantera del nudo, pasándolo de izquierda a derecha.

5. Pasa el extremo ancho hacia abajo por el bucle de la parte delantera del nudo, formando un segundo bucle diagonal en el lado derecho.

6. Ajústalo para que quede bien ordenado.

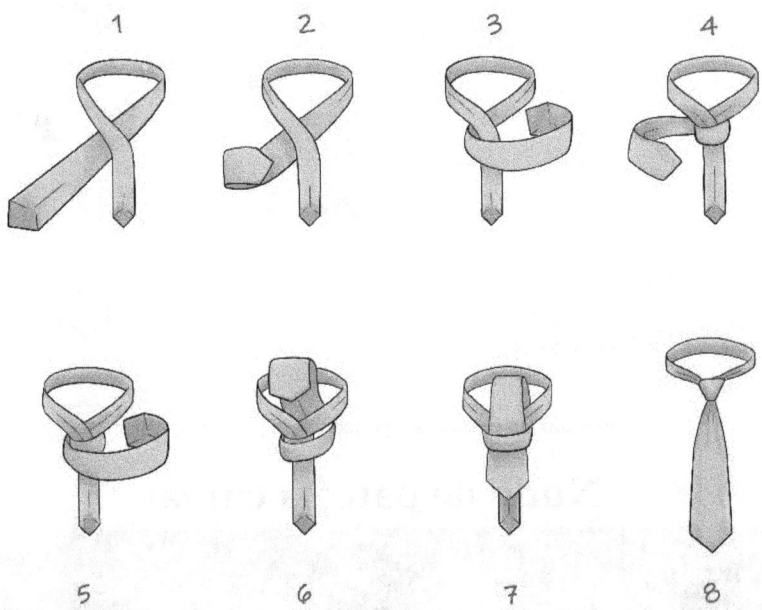

Un nudo pequeño y fácil, perfecto para el día a día y que combina bien con cuellos finos y corbatas ligeras

Nudo oriental

El nudo oriental, también conocido como nudo simple o nudo kent, es un nudo de corbata clásico y elegante, sencillo de anudar y adecuado para corbatas finas o anchas. Tiene un aspecto simétrico y aerodinámico, lo que lo convierte en una elección popular tanto para ocasiones formales como informales.

Como hacerlo:

1. Colócate la corbata alrededor del cuello y forma una cruz.
2. Pasa el extremo ancho por debajo del estrecho, envolviéndolo de derecha a izquierda.
3. Sube el extremo ancho por el bucle que rodea el cuello, formando un nudo simple.

4. Pasa el extremo ancho hacia abajo a través del bucle en la parte delantera del nudo, apretándolo ligeramente.

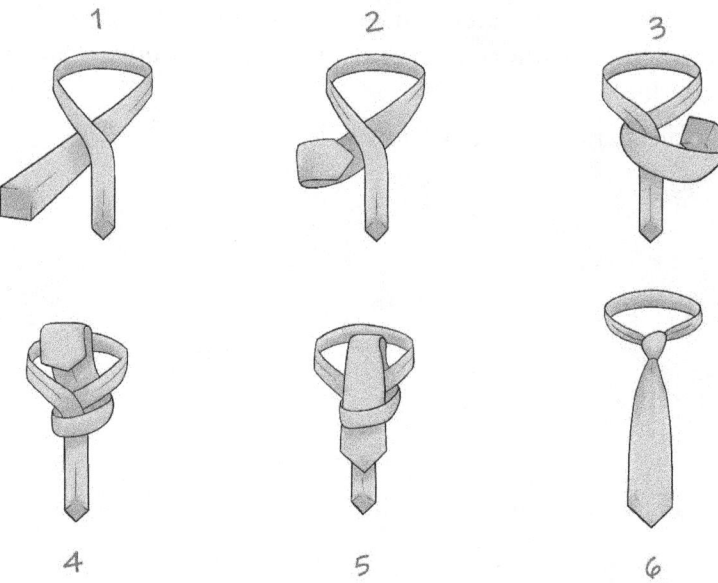

Un nudo super sencillo, pequeño y rápido de hacer

Nudo de parcela curva

Nudo de parcela curva[54]

El nudo de parcela curva, también conocido como pliegue de arnés, es un nudo super resistente perfecto para unir dos cuerdas, aunque sean de distinto tamaño. Se asegura de que permanezcan firmemente unidas, lo que es genial para cuando necesitas un nudo realmente seguro.

Como hacerlo:
1. Coloca la cuerda grande junto a la delgada de modo que se superpongan un poco.
2. Enrolla la cuerda delgada alrededor de ambas cuerdas varias veces.
3. Mete el extremo de la cuerda delgada por debajo y pásalo por el bucle que has hecho.
4. Tira de ambos extremos de la cuerda delgada para apretar el nudo.

Donde utilizarlo:
- Aventuras de camping
- Navegar por los mares
- Construir cosas chulas
- Siempre que necesites atar cuerdas con fuerza

Este nudo es estupendo porque no se desliza, aunque tires muy fuerte, lo que lo hace perfecto para todo tipo de actividades divertidas y tareas importantes. Tanto si estás haciendo algo como si necesitas un recurso rápido, ¡el nudo de parcela curva te cubre las espaldas!

Sección 7: Hacer nudos por diversión

Hacer nudos puede ayudarte a relajarte y a sentirte menos estresado. Es como hacer una actividad tranquilizadora que le permite a tu mente concentrarse en una sola cosa; repetitiva y rítmica, es como un baile sencillo y lento para tus manos. Hacer esto puede hacer que tu mente se olvide de las preocupaciones y se concentre en el momento. Es como un descanso de los asuntos del día. Sentir la textura de la cuerda en las manos es agradable, y es como un pequeño reto divertido para crear diferentes nudos. Hacer nudos no es sólo hacer cosas; es tomarse un momento de tranquilidad, sentirse bien al terminar y dejar que la mente se relaje. Es una forma sencilla y práctica de sentirte tranquilo y realizado.

Nudos decorativos

La artesanía y la joyería ofrecen magníficas oportunidades para lucir nudos decorativos visualmente atractivos. Aquí tienes algunos nudos que pueden dar un toque especial a tus creaciones:

Nudo celta

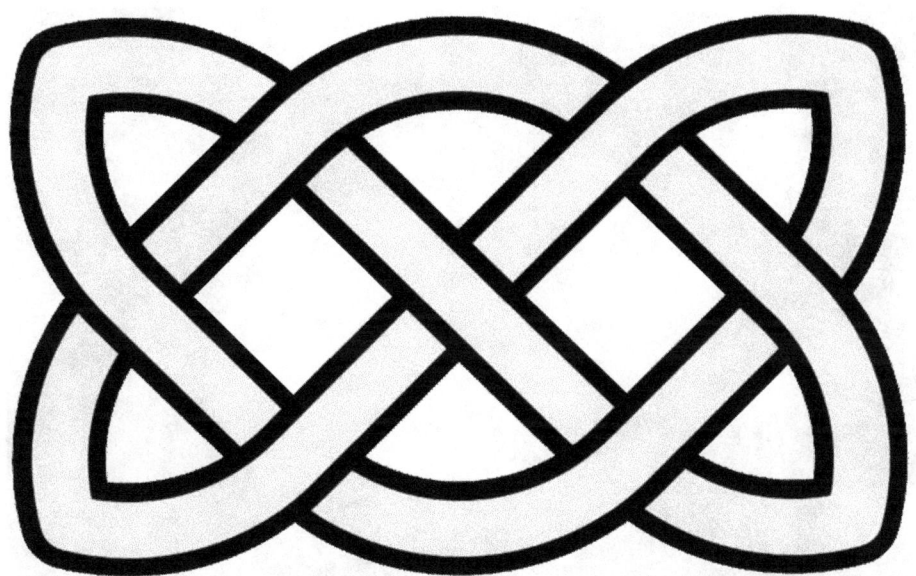

Nudo celta[55]

El nudo celta es un símbolo de eternidad, y su intrincado diseño es visualmente cautivador. Este nudo consiste en tejer una cuerda continua formando un dibujo fascinante. Se utiliza a menudo en joyería, sobre todo como colgante o punto focal en pulseras.

Instrucciones:
1. Sujeta un extremo de la cuerda con cada mano.
2. Cruza el extremo derecho del cordel sobre el izquierdo para hacer un bucle en el lado izquierdo.
3. Enrolla el extremo derecho detrás del izquierdo y pásalo por el bucle
4. Tira de ambos extremos para apretar ligeramente el nudo.
5. Repite los pasos del dos al cuatro con el extremo izquierdo del cordel.
6. Tira de ambos extremos para apretar el nudo.

Puño de mono

Nudo de puño de mono[66]

Instrucciones:

1. Sujeta el extremo de la cuerda con la mano y enróllala alrededor de los dedos para crear un bucle.
2. Desliza suavemente el bucle fuera de los dedos y sujétalo entre el pulgar y el índice.
3. Enrolla la cuerda alrededor del bucle. Asegúrate de ir en la dirección opuesta a la que utilizaste para hacer el primer bucle. Hazlo hasta que tengas tres capas de vueltas.
4. Tira del extremo de la cuerda por el centro de las vueltas hasta que el nudo quede apretado.

El nudo de puño de mono es un nudo redondo en forma de bola que aporta un toque náutico y decorativo. Suele utilizarse en llaveros o como punto focal en collares. Varía el tamaño y experimenta con distintos materiales para conseguir distintos estilos.

Nudo de botón chino

El nudo de botón chino es un nudo ornamental que recuerda a una flor. Funciona bien como cierre decorativo de pulseras o collares, añadiendo un toque de elegancia. Juega con distintos colores de hilo o cuerda para crear una floración vibrante.

Instrucciones:
1. Dobla la cuerda por la mitad, busca su punto medio y sujétala con una mano.
2. Haz un bucle con un extremo de la cuerda y crúzalo sobre el otro extremo.
3. Sube el extremo inferior a través del bucle para crear uno nuevo.
4. Pasa el extremo a través del nuevo bucle, asegurándote de que pasa por debajo del primer bucle.
5. Tira del extremo para apretar el nudo y darle forma de botón.

Nudo de los enamorados (Nudo Josefina)

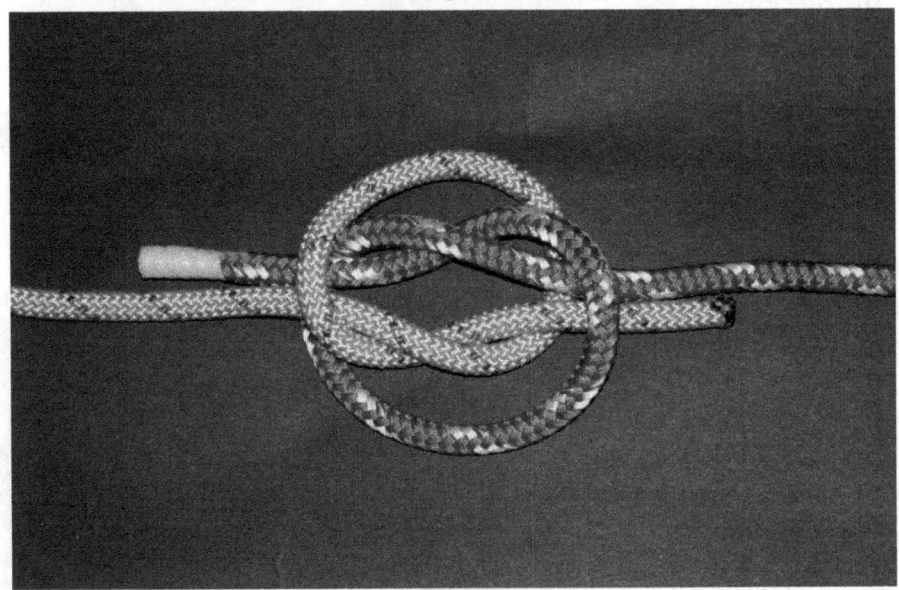

Nudo de los enamorados[57]

Instrucciones:
1. Sujeta ambos extremos de la cuerda y haz un nudo simple, dejando un bucle en la parte superior.
2. Toma el extremo izquierdo de la cuerda y haz un bucle hacia la derecha.
3. Toma el extremo derecho de la cuerda y haz un bucle hacia la izquierda, luego pasa el bucle derecho por debajo del bucle izquierdo.

4. Pasa el extremo derecho de la cuerda por encima del bucle izquierdo y a través del bucle derecho, debe quedar como un pretzel.

5. Tira de ambos extremos de la cuerda para apretar el nudo.

El nudo de los enamorados es un nudo delicado y romántico que crea un dibujo entrelazado. Es popular en joyería de temática nupcial o como punto focal en accesorios elegantes como diademas o pendientes.

Nudo serpiente

El nudo serpiente, que se asemeja al cuerpo de una serpiente, es a la vez visualmente interesante y versátil. Utilízalo para crear pulseras o tobilleras con un diseño único y texturizado. Experimenta con varios colores para conseguir un efecto llamativo.

Instrucciones:

1. Dobla la cuerda por la mitad para encontrar el punto medio, asegúrate de sujetar este punto con una mano.
2. Con la otra mano, haz un bucle con un extremo de la cuerda y crúzalo hasta el otro extremo.
3. Pasa el extremo inferior por el bucle para crear uno nuevo y tira del extremo para apretar el nudo.
4. Repite los pasos del dos al cuatro hasta que alcances la longitud deseada.

Nudo de doble moneda

El nudo moneda doble es un nudo redondo y plano que añade un elemento decorativo a los accesorios. Es ideal para hacer pendientes, colgantes o incluso adornos para bolsos. Varía el tamaño y el color para adaptarlo a tu diseño.

Nudo de moneda doble[58]

Instrucciones:

1. Haz un bucle hacia la derecha, luego pasa uno de los extremos por encima sin atravesarlo.
2. Haz otro bucle en el lado opuesto al primero.
3. Pasa el extremo por debajo de los bucles, luego por encima y otra vez por debajo. Tira de ambos extremos para apretar el nudo.

Nudo infinito

Símbolo de eternidad, el nudo infinito es una elección sencilla pero elegante. Incorpóralo a collares o pulseras para añadir un toque de simbolismo a tus diseños de joyas.

Nudo diamante (Nudo Lanyard)

El nudo diamante, utilizado a menudo en llaveros, tiene una característica forma de diamante. Puede incorporarse a llaveros o utilizarse como elemento decorativo en diversas manualidades.

Instrucciones:

1. Enrolla un trozo de cuerda entre los tres dedos corazón de la mano izquierda. Asegúrate de colocar los extremos sobre las palmas de las manos.
2. Haz un bucle con la cuerda de la derecha.
3. Da la vuelta al nudo.

Nudo Lanyard[59]

4. Pasa el extremo inferior de la cuerda por detrás de la cola del extremo superior.
5. Pásalo por encima del extremo superior, por debajo del medio y por encima del inferior.
6. Centra el nudo en la palma de la mano. Debe parecerse a un nudo celta.
7. Tira del extremo superior de la cuerda hacia el pulgar y pásalo por debajo del nudo, dejando un poco de espacio. Repite este paso con el extremo inferior.

8. Tira lentamente de cada uno de los extremos hasta que el nudo quede bien apretado.

Experimentar con estos nudos decorativos abre un mundo de posibilidades creativas en artesanía y joyería. Combina diferentes nudos y distintos materiales, y juega con los colores para expresar tu estilo único y crear piezas visualmente impactantes.

Crear pulseras de la amistad

Crear pulseras de la amistad es una forma divertida y creativa de expresar tu estilo personal[60]

Crear pulseras de la amistad es una forma divertida y creativa de expresar tu estilo personal y compartir regalos hechos a mano con tus amigos. A continuación, encontrarás instrucciones paso a paso para crear un sencillo diseño de rayas diagonales utilizando técnicas de anudado. Siéntete libre de experimentar con los colores para que tu pulsera sea única.

Materiales necesarios

- Hilo de bordar (elija varios colores)
- Tijeras
- Cinta adhesiva o imperdible (para sujetar la pulsera)

Paso 1: Reunir los materiales

Reúne tu hilo de bordar en los colores deseados. Puedes elegir tantos colores como quieras, pero para simplificar, vamos a empezar con tres colores diferentes.

Paso 2: Cortar el hilo de seda

Corta cada color en hebras de unos 60 cm de largo. Necesitarás dos hebras de cada color. Ajusta la longitud según el tamaño de tu muñeca y la longitud deseada de la pulsera, dejando un poco más para hacer los nudos.

Paso 3: Organizar los colores

Alinea las hebras una al lado de la otra, asegurándote de que los colores estén en el orden que deseas para tu pulsera.

Paso 4: Sujetar con cinta adhesiva o pin de seguridad

Sujeta un extremo de las hebras con cinta adhesiva o un pin de seguridad. Esto facilitará el proceso de trenzado.

Paso 5: Comenzar a anudar

Empieza por tomar la hebra más a la izquierda y haz una forma de «4» sobre la siguiente hebra (hebra del medio).

Paso 6: Hacer un nudo

Enrolla la hebra más a la izquierda detrás de la hebra del medio, tirando del extremo a través del bucle creado por el «4». Tira fuerte para crear un nudo.

Paso 7: Repetir el proceso con la hebra derecha

Repite el proceso con la hebra derecha. Haz un «4» hacia atrás sobre la hebra del medio, enróllala por detrás y tira a través del bucle.

Paso 8: Seguir trenzando

Continúa alternando entre la izquierda y la derecha, creando una serie de nudos. A medida que avances, verás que se forman rayas diagonales.

Paso 9: Añadir más colores

Si deseas añadir más colores, simplemente introduce nuevas hebras y continúa con el patrón de anudado.

Paso 10: Asegurar el final

Una vez que tu pulsera alcance la longitud deseada, asegura el extremo con un nudo. Recorta el hilo sobrante.

Paso 11: Atar la pulsera

Ata la pulsera alrededor de tu muñeca, haciendo un nudo doble para asegurarla. Recorta el hilo sobrante.

Experimentar con patrones

Siéntete libre de experimentar con distintos motivos, como galones, rombos o incluso letras. También puedes añadir cuentas para darle un toque extra. La clave está en divertirte y dejar que tu creatividad brille en tus diseños de pulseras de la amistad.

Personalizar tu equipo

Crear llaveros, cordones y tiradores de cremallera con nudos es una actividad de manualidades fantástica y atractiva para los niños. No sólo fomenta la creatividad, sino que también les permite a los niños personalizar y mostrar su estilo único. A continuación, encontrarás instrucciones paso a paso para hacer estos artículos utilizando sencillas técnicas de anudado.

Materiales necesarios

- Paracord o cordón de seguridad de varios colores
- Tijeras
- Aros o cierres (para llaveros)
- Cierres giratorios (para cordones)
- Tiradores de cremallera pequeños o clips (para tiradores de cremallera)

Llaveros

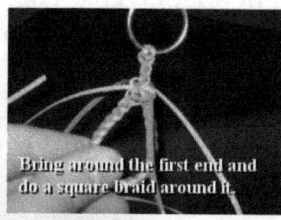
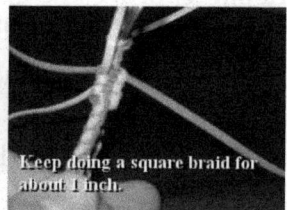
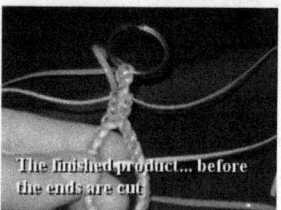
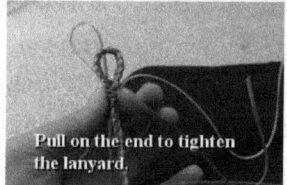

Empieza por elegir tus colores de paracord favoritos[61]

Paso 1: Seleccionar los colores

Elige tus colores favoritos de paracord. Para hacer un llavero de tamaño estándar, corta un trozo de cuerda de unos 1,2 metros.

Paso 2: Crear un nudo de enganche de vaca

Dobla la cuerda por la mitad, creando un bucle. Pasa el extremo doblado por el llavero y, a continuación, tira de los extremos sueltos a través del bucle, asegurando la cuerda al llavero.

Paso 3: Empezar a trenzar

Separa las cuerdas en dos conjuntos, cada uno con dos hebras. Comienza a trenzar utilizando una trenza sencilla de tres cabos hasta que alcances la longitud deseada.

Paso 4: Atar el extremo

Cuando la trenza sea lo suficientemente larga, haz un nudo en el extremo. Recorta el excedente de cuerda, dejando una pequeña cola.

Paso 5: El toque final

Coloca un llavero o un broche de langosta en el extremo con lazada, ¡y tu llavero personalizado estará listo!

Cuerda de seguridad

Empieza por seleccionar tus colores favoritos de cuerda de seguridad[62]

Paso 1: Elegir colores

Elige tus colores favoritos de cuerda para lanyards. Corta dos trozos de cuerda, cada uno de unos 1,5 metros de largo para una cuerda de seguridad estándar.

Paso 2: Fijar las cuerdas

Ata las dos cuerdas por un extremo, creando un bucle. Esta será la parte superior de la cuerda de seguridad.

Paso 3: Realizar un punto de caja

Separa las cuerdas en dos pares. Cruza el par izquierdo sobre el par derecho, creando una «X». Pasa el par izquierdo por detrás del par derecho.

Paso 4: Continuar con el punto caja

Repite el patrón de puntada de caja, alternando la izquierda y la derecha, hasta que alcances la longitud deseada.

Paso 5: Terminar y colocar un cierre giratorio

Ata los extremos con un nudo seguro. Coloca un cierre giratorio en el extremo con lazada. Tu colorida cinta ya está lista para usar.

Tirador de cremallera

Paso 1: Elegir la cuerda y los colores

Elige un color vivo para el tirador de la cremallera. Corta una longitud más corta, de unos 60 cm, ya que los tiradores de cremallera no tienen por qué ser demasiado largos.

Paso 2: Crear un nudo de enganche de vaca

Dobla el cordón por la mitad y pasa el extremo doblado a través del tirador o clip de la cremallera. Tira de los extremos sueltos a través del lazo, asegurando el cordón.

Paso 3: Añadir cuentas (opcional)

Desliza cuentas de colores en los dos extremos sueltos para añadir un toque decorativo.

Paso 4: Hacer un nudo

Haz un nudo seguro en el extremo del cordón, asegurándote de que las cuentas se mantienen en su sitio.

Paso 5: Fijar a la cremallera

Sujeta el extremo con el bucle a la cremallera de una mochila, chaqueta o cualquier artículo con cremallera. Ahora, ¡tu cremallera tiene un tirador personalizado y vibrante!

Experimenta con diferentes técnicas de anudado, colores y disposición de las cuentas para crear accesorios únicos y personalizados. Esta actividad práctica mejora las habilidades artesanales e infunde un sentimiento de orgullo al personalizar tus pertenencias.

El arte del macramé

El macramé es un versátil y antiguo arte que consiste en crear intrincados y decorativos dibujos mediante técnicas de anudado. El arte del macramé tiene una rica historia, y sus raíces se remontan a siglos atrás, con un notable florecimiento entre los tejedores árabes del siglo XIII y los marineros europeos del XVII. En los últimos años, el macramé ha experimentado un resurgimiento de su popularidad como salida creativa y terapéutica.

Nudos básicos de macramé

Nudo cuadrado

Este es uno de los nudos fundamentales que se forma superponiendo dos juegos de cuerdas. Se utiliza para crear patrones planos o en espiral, y se ve a menudo en colgadores de plantas y tapices.

Medio nudo de enganche

Este nudo se crea enrollando una cuerda alrededor de otra. Puede utilizarse para diseños texturizados y lineales, añadiendo profundidad a los proyectos de macramé.

Nudo de cabeza de alondra

El nudo de cabeza de alondra es sencillo y se suele utilizar para unir cuerdas a una clavija o una anilla. Es el punto de partida de muchos proyectos de macramé, como los tapices.

Medio nudo doble

Este nudo es similar al medio nudo, pero implica dos vueltas consecutivas alrededor del cordón central. Crea un nudo más denso y seguro, y es ideal para dar forma y estructura.

Proyectos populares de macramé

Desde cortinas hasta caminos de mesa, el macramé puede utilizarse para adornar diversos objetos del hogar[63]

Tapices

Los elaborados diseños se crean combinando diversos nudos y motivos. Incorpora distintos materiales, colores y texturas para obtener un resultado visualmente impactante.

Colgadores de plantas

Utiliza una combinación de nudos cuadrados y medios nudos para formar una cuna para plantas. Es una forma elegante de exponer plantas y añadir un toque bohemio a los interiores.

Joyas de macramé

Crea intrincadas pulseras, collares y pendientes utilizando técnicas de micro macramé. Incorpora cuentas y piedras preciosas para realzar la estética.

Decoración del hogar

Desde cortinas hasta caminos de mesa, el macramé puede utilizarse para adornar diversos objetos del hogar. Se puede personalizar para adaptarlo a diferentes estilos de interior y combinaciones de colores.

Beneficios terapéuticos del macramé

Atención plena y Enfoque

El macramé requiere concentración en los patrones de anudado, lo que fomenta la atención y la concentración. Es una práctica meditativa que permite estar presente en el proceso creativo.

Alivio del estrés

Practicar macramé es una forma constructiva y relajante de aliviar el estrés. La naturaleza repetitiva del anudado puede tener un efecto calmante sobre la mente.

Sensación de logro

Completar un proyecto de macramé, ya sea grande o complejo, infunde una sensación de logro. Aumenta la autoestima y anima a explorar patrones más complejos.

Expresión creativa

El macramé permite un sinfín de expresiones creativas mediante la elección de nudos, colores y materiales. Las personas pueden personalizar sus proyectos, dando lugar a creaciones únicas y significativas.

Tanto para principiantes como para artesanos experimentados, el arte del macramé ofrece un amplio abanico de posibilidades para crear objetos bellos y funcionales. Con sus beneficios terapéuticos y la satisfacción de producir piezas hechas a mano, el macramé sigue cautivando a artesanos y aficionados de todo el mundo.

Sección 8: Consejos y trucos

¿Aprendiste a hacer diferentes tipos de nudos? ¡Buen trabajo! Ahora, la pregunta sigue siendo: ¿qué tan rápido puedes atar uno? Imagina que estás navegando en una balsa que has ayudado a construir. Cuando estás flotando en medio del agua, te das cuenta de que dos de los troncos no están bien atados y los nudos se deshacen rápidamente. Tienes que pensar rápido y trabajar con las manos aún más rápido. Tienes que volver a atar el nudo antes de que los troncos se separen y rompan el equilibrio de la balsa.

En tal caso de crisis, no tienes tiempo para repasar metódicamente cada paso del atado de nudos. Debes pensar sobre la marcha y hacer el primer nudo que se te ocurra tan rápido como puedas. Aquí tienes algunos consejos que te ayudarán a convertirte en un maestro del nudo.

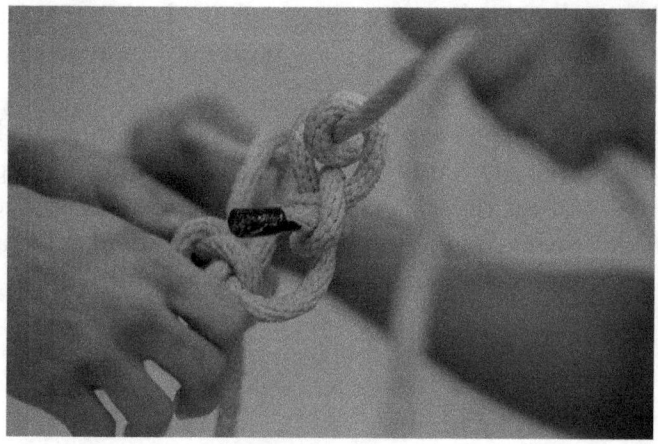

Practica atar nudos[64]

- Practica y sigue practicando. Rara vez alguien es un prodigio haciendo nudos. Una vez que hayas adquirido esta habilidad esencial, debes seguir practicándola hasta que puedas hacer rápidamente los nudos más difíciles. Por ejemplo, el nudo de pescador puede tardar varios minutos en hacerse las primeras veces. A medida que practiques, verás que tus manos se van acostumbrando a los movimientos, y tu mente será capaz de imaginarse los próximos pasos con mucha antelación, lo que te ayudará a hacer el nudo más deprisa. Incluso puedes reducir el tiempo de atado a uno o dos minutos con la práctica suficiente.
- Practica primero los nudos sencillos. Con cada nudo sencillo que hagas con éxito, y tan rápido como puedas, desarrollarás un sano interés por este arte. Para cuando llegues a los nudos complicados (los nudos náuticos, en particular), habrás aprendido a disfrutar de todo el proceso, desde entender los movimientos y las alineaciones hasta tirar y tensar la cuerda. Ya no será una tarea, sino que se transformará en una actividad entretenida.
- Evita que se deshilache con cinta adhesiva. Supongamos que tienes que dividir un único y largo rollo de cuerda en cuatro tramos cortos para montar una tienda de campaña. Cuando cortes la cuerda con unas tijeras, los dos extremos resultantes estarán deshilachados como el pelo de Albert Einstein. Es posible que los nudos que hagas con ellos no sean lo bastante fuertes para sujetar la tienda. He aquí un sencillo truco para evitar que se deshilachen.
    1. Envuelve la sección de cuerda que quieras cortar con cinta adhesiva. Una o dos vueltas de cinta serán suficientes.
    2. Corta con tijeras desde la mitad de la envoltura.

De este modo, los extremos resultantes quedarán bien cortados sin que sobresalga ningún hilo.

- No descartes el nudo simple. En el fascinante mundo de los nudos, el nudo más fundamental del mundo es fácil de ignorar. A pesar de ser el nudo más sencillo de hacer, puede resultar alarmantemente difícil de deshacer cuando la tensión es demasiado alta. Tampoco está entre los nudos más seguros. Sin embargo, como ya sabrás, sin el nudo simple no puedes hacer muchos otros tipos de nudos (como el nudo de rizo, el nudo de pescador, el bucle en ángulo, etc.). Además, cuando necesites hacer un nudo rápido, como cuando tu balsa está en dificultades, puedes utilizar un nudo simple y tomarte tu tiempo para crear un nudo más resistente.

- Comprende los pros y los contras de cualquier nudo. Aunque puedes asegurarte mejor a un arnés de escalada con un nudo de bolina doble, puede ser peligroso si lo haces mal. Un nudo en forma de ocho es mucho más fácil y seguro. Repasa los pros y los contras de cada tipo de nudo antes de experimentar con él en un entorno real.

- Lleva contigo herramientas para hacer nudos. Si no has practicado tus nudos lo suficiente antes de salir a la naturaleza, te vendrá bien llevar contigo una herramienta para atar nudos, como un pincho Marline o un cuchillo especialmente diseñado. Acelerarán el proceso de hacer muchos tipos de nudos.

Lleva herramientas para hacer nudos[65]

Variaciones útiles y atajos prácticos

Hacer los nudos más complicados es posible con práctica, pero realizar los mismos movimientos de mano e inserciones de cuerda una y otra vez puede llegar a aburrir. Es entonces cuando las siguientes interesantes variaciones y prácticos atajos actúan como un soplo de aire fresco. (Muestra cada uno de los nudos a continuación)

Nudo cuadrado trenzado

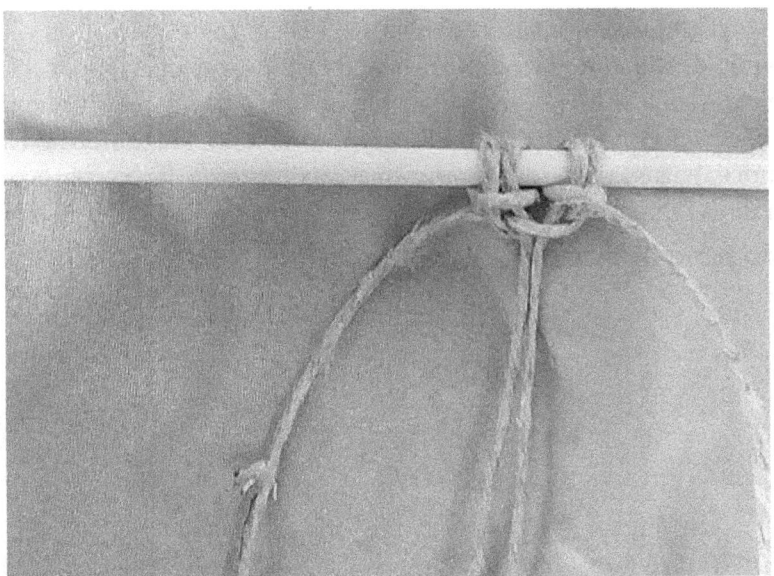

Esta es una forma divertida de practicar hacer un nudo cuadrado[66]

Esta es una forma divertida de practicar cómo hacer un nudo cuadrado. Al final de esta actividad, acabarás con una atractiva trenza, igual que una coleta perfectamente tejida. Para ello necesitarás dos cuerdas.

1. Ata las cuerdas a una varilla con un nudo de cabeza de alondra (dobla la cuerda por la mitad, enróllala una vez alrededor de la varilla e introduce ambos extremos por el lazo).
2. Júntalas.
3. Sujeta la cuerda más a la izquierda por encima de las dos cuerdas centrales y por debajo de la cuerda más a la derecha.
4. Pasa la cuerda del extremo derecho por debajo de las cuerdas centrales y por encima (y a través) de la cuerda del extremo izquierdo.
5. Tira de los dos extremos para hacer un nudo cuadrado que parezca ligeramente inclinado hacia la derecha.
6. Haz lo mismo, empezando por la cuerda más a la izquierda, y sigue alternando.

Practicarás muy bien cómo hacer un nudo cuadrado con las dos manos. Cuantos más bucles completes, mejor aspecto tendrá tu trenza de cuerda.

Nudo cuadrado en espiral

¿Deseas transformar la secuencia de tus nudos en un bonito diseño en espiral? En el nudo trenzado, has alternado las cuerdas de más a la derecha y más a la izquierda. Para hacer una espiral con él, tienes que seguir haciendo un nudo cuadrado a la derecha o a la izquierda. Cuantos más nudos hagas, más se curvará. Si es lo bastante largo, parecerá una cadena de ADN en espiral.

Nudo puño de mono

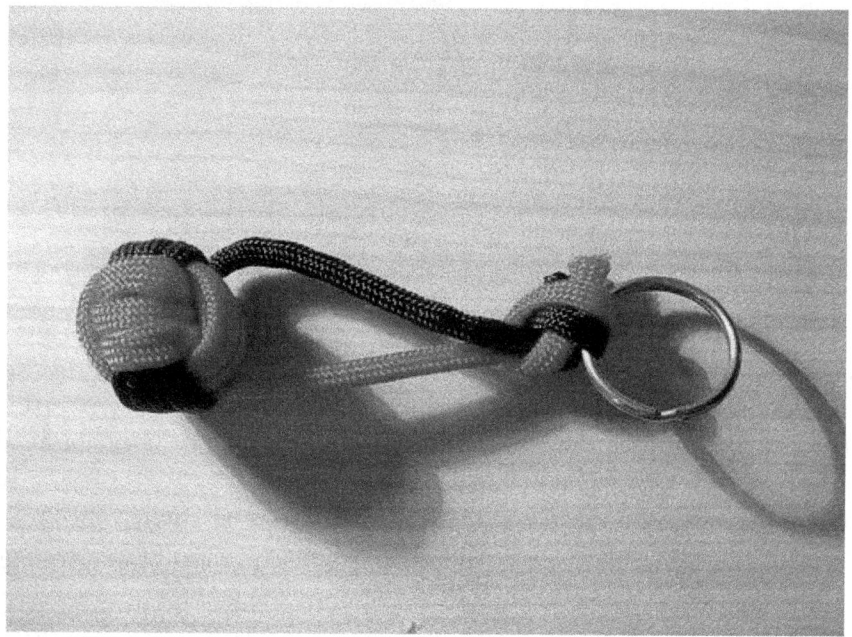

El nudo de puño de mono actúa como tope para evitar que la cuerda se deslice más allá del extremo [67]

Después de hacer tu nudo favorito, ¿te molestan esos feos extremos deshilachados de la cuerda? Puedes taparlos con un nudo decorativo muy chulo llamado Puño de mono. También sirve de tope para evitar que la cuerda se deslice más allá del extremo.

1. Enrolla el extremo de la cuerda tres veces alrededor de dos dedos de la mano izquierda. Mantén los dedos separados.
2. Envuélvelo horizontalmente entre los dedos alrededor del primer bucle envuelto.
3. Tira con cuidado de la estructura, luego inserta el extremo por el centro del primer bucle y enróllalo alrededor del segundo bucle. Hazlo dos veces más.

4. Tensa las cuerdas tirando de los bucles. Los extremos saldrán por el centro. Vuelve a introducirlos para completar tu Puño del mono.

Un atajo para el nudo de bolina

El nudo de bolina es uno de los más útiles de su repertorio. Desde anclar embarcaciones hasta atar dos cuerdas, tiene algunos de los mejores usos en el mundo del atado de nudos. Sin embargo, la forma estándar de atar una bolina puede resultar confusa para muchos. He aquí un práctico atajo que facilitará el proceso.

1. Sujeta la cuerda con la mano izquierda y haz un bucle en el centro (como si pasaras la página de un libro).
2. Con la mano derecha, introduce la cuerda superior por la parte inferior del bucle. Sujétalo con la mano izquierda como si fueras a hacer un arco.
3. Toma el extremo derecho con la mano derecha e introdúcelo en el arco desde el lado izquierdo.
4. Sujeta el extremo, junto con el nuevo bucle, con la mano derecha y tira de la alineación con ambas manos para tensar el nudo bolina.

Mejora tus habilidades cognitivas con emocionantes actividades

Está demostrado que practicar el nudo todos los días mejora las capacidades cognitivas. Muchas de tus habilidades cognitivas entran en acción cuando realizas cada paso del atado de nudos.

- **Conciencia del contexto espacial:** ¿Te cuesta calcular la distancia entre dos objetos sin utilizar instrumentos de medida? ¿Tiendes a ver el mundo en dos dimensiones en lugar de percibir un espacio tridimensional?

- **Habilidades motoras:** ¿Te cuesta escribir algo? ¿Te cuesta sujetar unas tijeras?

- **Resolución de problemas:** ¿Tiendes a proponer soluciones que no son eficaces? ¿Cometes los mismos errores una y otra vez?

- **Memorizar:** ¿Te cuesta recordar cosas sencillas, como las aficiones de tus amigos íntimos o el lugar de trabajo de tu madre?

Todas estas habilidades se multiplicarán por diez si practicas el anudado con regularidad. La coordinación entre tus dedos se afinará, tu memoria se agudizará y empezarás a encontrar varias soluciones eficaces (¡no sólo una!) a tus problemas.

Sin embargo, ¿hacer nudos es demasiado aburrido para ti? He aquí unas cuantas actividades emocionantes que te mantendrán interesado en este arte.

Concurso de nudos

Puedes jugar a esto con la familia o los amigos. Imprime fotos de todos los nudos terminados que se muestran en este libro sin los pasos que conducen a ellos. El anfitrión elegirá una foto al azar. Tú y los demás participantes tendrán que recrear el nudo mostrado. El que termine primero obtendrá un punto. Si tus competidores no son tan buenos haciendo nudos como tú, muestra primero los nudos para principiantes, como el nudo de simple y el nudo en forma de ocho.

Después de jugar a este concurso unas cuantas veces, notarás una mejora saludable en tu memoria y en tu capacidad para resolver problemas.

Pulseras de la amistad

¿Quieres sorprender a tu amiga con un regalo o hacer nuevas amistades? ¡Regálale una bonita pulsera de la amistad hecha a mano! Necesitarás una cuerda de nailon de 20 pulgadas de largo y no más de dos milímetros de grosor. También necesitarás practicar el nudo corredizo.

1. Sujeta la cuerda formando un bucle circular.
2. Haz tres bucles más pequeños, con un extremo de la cuerda alrededor del otro extremo.
3. Introduce el primer extremo a través de los bucles y apriétalo.
4. Tira de uno de los extremos del nudo para deslizar un trozo largo de cuerda hacia fuera (entre 5 y 10 pulgadas).
5. Haz otro nudo corredizo en el extremo diagonalmente opuesto al primer nudo.

Dependiendo de la muñeca de tu amiga, puede tirar de cualquiera de los nudos para aflojar o apretar la pulsera. Si no tienes tiempo, puedes atar la pulsera con un solo nudo corredizo.

Simón dice qué nudo

Esta divertida variante de Simón dice pondrá a prueba tu capacidad de resolución de problemas, de retención y de atención. El presentador dirá: «Simón dice...», con cualquier tipo de nudo. Tendrás que hacer ese nudo en... digamos, dos minutos. Será una falta si no puedes hacer el nudo en el tiempo dado. Después de tres faltas, estarás fuera del juego.

Si el anfitrión sólo ha mencionado el nudo sin decir «Simón dice», el que empiece a hacer el nudo perderá. No los interrumpas todavía. ¡Deja que terminen de hacer el nudo y mira qué cara ponen cuando se declare que han fallado!

Gracias

Hacer nudos puede parecer un reto al principio (sobre todo si aprender cosas nuevas haciéndolas no es tu forma favorita de aprender), ¡pero has hecho un gran trabajo al utilizar este libro como ayuda! Ahora que conoces los nudos básicos, tienes una habilidad superchula que puedes utilizar a diario. Puedes convertir esta habilidad en un pasatiempo divertido, una bonita manualidad, darles un toque picante a tus aventuras al aire libre o simplemente hacer las cosas más rápido.

Cada nueva habilidad que aprendes te hace aún más increíble. Ser bueno en habilidades importantes te ayuda a ser más independiente, y te alegrarás de ello a medida que crezcas. Recuerda que hacer nudos no consiste sólo en hacer un lazo o una vuelta perfectos, sino también en encontrar soluciones a problemas complicados. Aprender a hacer diferentes nudos significa que también estás aprendiendo a enfrentarte a situaciones difíciles.

Si algunos nudos no te salen bien a la primera, ¡no pasa nada! Todo forma parte del aprendizaje. Sigue practicando; antes de que te des cuenta, serás un mago del nudo.

Gracias por seguir adelante y enhorabuena por haber terminado este libro. Téngalo a mano para todas sus futuras aventuras con los nudos.

Vea más libros escritos por Dion Rosser

Referencias

101 Knots. (n.d.). Decorative Knots. 101Knots. https://www.101knots.com/category/decorative-knots

101 Knots. (2017, August 4). How to Tie a Granny Knot? Tips, Variations, Uses & Video Steps. 101Knots. https://www.101knots.com/granny-knot.html

Animated Knots. (n.d.-a). Basic Knots. Www.animatedknots.com. https://www.animatedknots.com/basic-knots

Animated Knots. (n.d.-b). Half Hitch Knot. Www.animatedknots.com. https://www.animatedknots.com/half-hitch-knot

Animated Knots. (2019a). Overhand Knot. Animatedknots.com. https://www.animatedknots.com/overhand-knot

Animated Knots. (2019b, February 26). Two Half Hitches. Www.animatedknots.com. https://www.animatedknots.com/two-half-hitches-knot

Avonturier, D. van een. (2020, June 27). Essential Knots for Camping, Hiking and Survival. Dagboek van Een Avonturier. https://dagboekvaneenavonturier.com/2020/06/27/essential-knots-for-camping-hiking-and-survival/

Canyon Guides International. (n.d.). The science behind teaching & learning: Tying Knots – Canyon Guides International. Canyon Guides International. https://canyonguidesinternational.org/the-science-behind-teaching-learning-tying-knots/

Casadella, N. (2023, June 5). 13 Basic Macrame Knots: A Guide For Beginners. GANXXET. https://www.ganxxet.com/blogs/news/macrame-knots

Chest of Books. (n.d.). Decorative Knots. Chestofbooks.com. https://chestofbooks.com/crafts/camping/Creative/Decorative-Knots.html

Dave. (2019, May 6). 6 Important Knots You Should Know. Copake Camping Resort. https://copakecampingresort.com/6-important-knots-you-should-know/

Davidson, L. (2018, September 7). Useful Tips, Terms, and Techniques for Knot Tying - Grit. Www.grit.com. https://www.grit.com/tools/useful-tips-terms-techniques-knot-tying-ze0z1809zmcg/

Dean, T. (2016, May 27). How to Tie a Bow Tie: Easy Step-by-Step Video. Theknot.com. https://www.theknot.com/content/how-to-tie-a-bow-tie

Digital, P. (2022, July 22). Rope materials: a beginner's guide - RopesDirect. Ropes Direct. https://www.ropesdirect.co.uk/blog/rope-materials-a-beginners-guide-to-different-types-of-rope/

Discover Boating. (n.d.). 5 Ways to Bring Learning Onboard for the Kids This Summer. Discover Boating. https://www.discoverboating.com/resources/learning-onboard-a-boat

Flashman, J. (2021, April 21). What's the Best Tie-in Knot? The Bowline vs. The Figure 8 Knot. Climbing. https://www.climbing.com/skills/tying-in-the-bowline-vs-the-figure-8-knot/

Fouche, M. (2023, August 4). 8 Basic Survival Knots You Should Know. SkyAboveUs. https://skyaboveus.com/wilderness-survival/8-Essential-Knots-You-Should-Know-Survival-Skills

Fury, S. (n.d.). 8 Basic Knots and Their Uses. Www.survivalfitnessplan.com. https://www.survivalfitnessplan.com/blog/basic-knots-and-their-uses

Gawlikowski, G. (2016, November 9). 17 Essential Knots Every Survivalist Needs to Know. ROFFSTM. https://roffs.com/2016/11/17-essential-knots-every-survivalist-needs-know/

House, M. (2019, February 27). Six of the Most Useful Outdoor & Survival Knots You Should Know. Mountain House. https://mountainhouse.com/blogs/emergency-prep-survival/six-of-the-most-useful-outdoor-survival-knots-you-should-know

Jessyratfink. (n.d.). How to Make a Friendship Bracelet. Instructables. https://www.instructables.com/how-to-make-a-friendship-bracelet-1/

Keech, K. (2023, February 14). What Are Knots? The History and Uses. Www.theknotsmanual.com. https://www.theknotsmanual.com/knots/

Kenninger, M. (2020, February 18). History of Knots and Common Uses. Rope and Cord. https://ropeandcord.com/guides-ideas/history-of-knots-and-common-uses/

Kilpatrick, T. (2023, May 25). Securing a bundle of wood, lashing up a backpack, or just tying your shoes, the square knot is essential. The Manual. https://www.themanual.com/outdoors/how-to-tie-a-square-knot/

Knotter. (2013, July 4). Tools Used for Knotting. Solent Branch. https://igkt-solent.co.uk/knotting-tools/

Luke. (2019, February 14). A Selective History of Knots and Rope. Paracord Planet. https://www.paracordplanet.com/blog/a-selective-history-of-knots-and-rope/

Lund, T., & Garbacz, A. (2023, October 2). 4 Ways to Tie a Knot. WikiHow. https://www.wikihow.com/Tie-a-Knot

Net Knots. (n.d.-a). Bowline on a Bight - How to tie a Bowline on a Bight. Www.netknots.com. https://www.netknots.com/rope_knots/bowline-on-a-bight

Net Knots. (n.d.-b). Harness Bend Knot | How to tie a Harness Bend | All knots animated. Www.netknots.com. https://www.netknots.com/rope_knots/harness-bend

Net Knots. (n.d.-c). Slip Knot - How to tie a Slip Knot. Www.netknots.com. https://www.netknots.com/rope_knots/slip-knot

NUCC. (2022, April 12). Rigging Knots. Nucc.caves.org.au. https://nucc.caves.org.au/detailedsrt/knot/

Raleigh, D. (2022, February 15). Essential Climbing Knots — The Complete Guide. Climbing. https://www.climbing.com/skills/essential-climbing-knots-complete-guide/

Ribbins, A. (2023, August 11). Sailing Knots For Beginners Complete Guide. UKSA. https://uksa.org/sailing-knots-for-beginners-guide/

Riddle, T. C. (n.d.). Knots for Everyday Use — Texas Parks & Wildlife Department. Tpwd.texas.gov. https://tpwd.texas.gov/calendar/bentsen-rio-grande-valley/knots-for-everyday-use

Royal Museums Greenwich. (n.d.-a). How to tie a bowline knot | Royal Museums Greenwich. Www.rmg.co.uk. https://www.rmg.co.uk/stories/topics/how-tie-bowline-knot

Royal Museums Greenwich. (n.d.-b). How to tie a round turn and two half hitches knot. Www.rmg.co.uk. https://www.rmg.co.uk/stories/topics/how-tie-round-turn-two-half-hitches-knot

Royal Museums Greenwich. (n.d.-c). How to tie a sheet bend knot | Royal Museums Greenwich. Www.rmg.co.uk. https://www.rmg.co.uk/stories/topics/how-tie-sheet-bend-knot

Sailing, A. (2022, November 29). How to Tie 3 Important Sailing Knots. American Sailing. https://asa.com/news/2022/11/29/sailing-knots/

Sikora, K. (2020, April 7). Learn How to Tie Basic Fishing Knots. Www.wheredoitakethekids.com. https://www.wheredoitakethekids.com/blog/fishing-knots/

Smothermon-Short, S. (2022, March 3). 10 Knot Tying Games for Cub Scouts. Cub Scout Ideas. https://cubscoutideas.com/20457/10-knot-tying-games-for-cub-scouts/

Stearns, S. (2023, March 8). 17 Basic Macrame Knots: Step-by-Step Instructions. Sarah Maker. https://sarahmaker.com/basic-macrame-knots/

Unitarian Universalist Association. (n.d.). Activity 2: Tying Sailor Knots | Love Connects Us | Tapestry of Faith | UUA.org. Www.uua.org. https://www.uua.org/re/tapestry/children/loveconnects/session5/161791.shtml

Fuentes de imágenes

[1] https://pixabay.com/photos/flower-lis-knot-darling-rope-1934110/

[2] David J. Fred, CC BY-SA 3.0 <https://creativecommons.org/licenses/by-sa/3.0>, via Wikimedia Commons. https://commons.wikimedia.org/wiki/File:Bottle_Sling_ABOK_1142_Tying_Complete.jpg

[3] FFouche, CC BY-SA 4.0 <https://creativecommons.org/licenses/by-sa/4.0>, via Wikimedia Commons. https://commons.wikimedia.org/wiki/File:Eskimo_Boeglynknoop.jpg

[4] Malta, CC BY-SA 2.5 <https://creativecommons.org/licenses/by-sa/2.5>, via Wikimedia Commons. https://commons.wikimedia.org/wiki/File:N%C5%93ud_de_laguis.jpg

[5] SuperManu, CC BY-SA 3.0 <https://creativecommons.org/licenses/by-sa/3.0>, via Wikimedia Commons. https://commons.wikimedia.org/wiki/File:Thief_knot_noeud_de_voleur.svg

[6] https://commons.wikimedia.org/wiki/File:Turks_head.png

[7] Obersachse, CC BY-SA 4.0 <https://creativecommons.org/licenses/by-sa/4.0>, via Wikimedia Commons. https://commons.wikimedia.org/wiki/File:Kalm%C3%BCckenknoten.jpg

[8] Zaripov Rustem, CC BY-SA 4.0 <https://creativecommons.org/licenses/by-sa/4.0>, via Wikimedia Commons. https://commons.wikimedia.org/wiki/File:Good_luck_knot(ABOK_2437).jpg

[9] BougeToi, CC BY-SA 4.0 <https://creativecommons.org/licenses/by-sa/4.0>, via Wikimedia Commons. https://commons.wikimedia.org/wiki/File:Chinese_Cross_knot_front_view.jpg

[10] BougeToi, CC BY-SA 4.0 <https://creativecommons.org/licenses/by-sa/4.0>, via Wikimedia Commons. https://commons.wikimedia.org/wiki/File:Chinese_Double_Connection_knot.jpg

[11] Zaripov Rustem, CC BY-SA 4.0 <https://creativecommons.org/licenses/by-sa/4.0>, via Wikimedia Commons. https://commons.wikimedia.org/wiki/File:Pan_chang.png

[12] Zaripov Rustem, CC BY-SA 4.0 <https://creativecommons.org/licenses/by-sa/4.0>, via Wikimedia Commons. https://commons.wikimedia.org/wiki/File:Plafond_knot.png

[13] Helladerivative work: Tescobar, CC BY-SA 2.5 <https://creativecommons.org/licenses/by-sa/2.5>, via Wikimedia Commons: https://commons.wikimedia.org/wiki/File:Bowline_(standard).svg

[14] freepatternsarea, CC BY 4.0 <https://creativecommons.org/licenses/by/4.0>, via Wikimedia Commons: https://commons.wikimedia.org/wiki/File:Meaning_of_Celtic_Trinity_Knot_Symbol_and_Free_Template.jpg

[15] Ucla90024, CC BY-SA 3.0 <https://creativecommons.org/licenses/by-sa/3.0>, via Wikimedia Commons: https://commons.wikimedia.org/wiki/File:Chinese_Knot_P4R.jpg

[16] https://pixabay.com/photos/knitting-rope-node-marine-2428151/

[17] https://commons.wikimedia.org/wiki/File:Platteknoop.svg

[18] Buz11, CC BY-SA 4.0 <https://creativecommons.org/licenses/by-sa/4.0>, via Wikimedia Commons. https://commons.wikimedia.org/wiki/File:Bowline_tying.png

[19] SuperManu, CC BY-SA 3.0 <https://creativecommons.org/licenses/by-sa/3.0>, via Wikimedia Commons. https://commons.wikimedia.org/wiki/File:Bowline_on_a_bight-noeud_de_chaise_double_sur_son_double.svg

[20] https://commons.wikimedia.org/wiki/File:Granny_knot.svg

[21] USCG PTC Developer, CC BY-SA 4.0 <https://creativecommons.org/licenses/by-sa/4.0>, via Wikimedia Commons. https://commons.wikimedia.org/wiki/File:Loop-figure_8-ABoK_1047-USCG.jpg

[22] https://commons.wikimedia.org/wiki/File:Slippendeschootsteek.svg

[23] https://commons.wikimedia.org/wiki/File:Halvesteek.svg

[24] https://commons.wikimedia.org/wiki/File:Knot_2_half_hitches.jpg

[25] https://commons.wikimedia.org/wiki/File:Boys%27_Life,_1_-_Overhand_Knots.png.

[26] Marek Slusarczyk, CC BY 3.0 <https://creativecommons.org/licenses/by/3.0>, via Wikimedia Commons. https://commons.wikimedia.org/wiki/File:002_Chrome_steel_boat_cleat_with_tied_mooring_rope_-_nautical_vessel_equipment_detail,_yacht_cleat.jpg

[27] Cobanyastigi, CC0, via Wikimedia Commons: https://commons.wikimedia.org/wiki/File:Truckers%27_Hitch_With_Clove_Hitch_Secured_Sheep_Shank_as_upper_loop.jpg

[28] Quatrostein, CC BY-SA 3.0 <https://creativecommons.org/licenses/by-sa/3.0>, via Wikimedia Commons: https://commons.wikimedia.org/wiki/File:Kikkersteek.png

[29] Mattmaxon at the English-language Wikipedia, CC BY-SA 3.0 <http://creativecommons.org/licenses/by-sa/3.0/>, via Wikimedia Commons. https://commons.wikimedia.org/wiki/File:Stein_knot_AKA_stone_knot.JPG

[30] https://commons.wikimedia.org/wiki/File:Bachmann_knot2.png

[31] StromBer 13:33, 21. Mär. 2008 (CET), CC BY-SA 2.0 DE <https://creativecommons.org/licenses/by-sa/2.0/de/deed.en>, via Wikimedia Commons. https://commons.wikimedia.org/wiki/File:KlemheistKnot2-4X.jpg

[32] *Cobanyastigi, CC0, via Wikimedia Commons:*
https://commons.wikimedia.org/wiki/File:AutoblockBagi.JPG

[33] https://commons.wikimedia.org/wiki/File:Doppio_inglese_2.png

[34] *CharlesRKiss, CC BY-SA 4.0 <https://creativecommons.org/licenses/by-sa/4.0>, via Wikimedia Commons.* https://commons.wikimedia.org/wiki/File:Figure_Eight_Knot.png

[35] *David J. Fred, CC BY-SA 2.5 <https://creativecommons.org/licenses/by-sa/2.5>, via Wikimedia Commons:* https://commons.wikimedia.org/wiki/File:AdjustableHitchVariations.jpg

[36] *Attribution-ShareAlike 3.0 Unported, CC BY-SA 3.0 DEED <https://creativecommons.org/licenses/by-sa/3.0/deed.en >*
https://commons.wikimedia.org/wiki/File:Timber_Hitch_Final.jpg

[37] *StromBer 19:54, 22. Mär. 2008 (CET), CC BY-SA 2.0 DE <https://creativecommons.org/licenses/by-sa/2.0/de/deed.en>, via Wikimedia Commons.*
https://commons.wikimedia.org/wiki/File:PrusikNormalgeschlagen.jpg

[38] *StromBer, CC0, via Wikimedia Commons.*
https://commons.wikimedia.org/wiki/File:TruckHitch_024.jpg

[39] *Vaughan Pratt, CC BY-SA 3.0 <https://creativecommons.org/licenses/by-sa/3.0>, via Wikimedia Commons:* https://commons.wikimedia.org/wiki/File:PalomarKnotSequence.jpg

[40] *StromBer 11:52, 31. Mär. 2008 (CEST), CC BY-SA 2.0 DE <https://creativecommons.org/licenses/by-sa/2.0/de/deed.en>, via Wikimedia Commons:*
https://commons.wikimedia.org/wiki/File:Arborknoten2.JPG

[41] *Attribution-ShareAlike 3.0 Unported, CC BY-SA 3.0 DEED <https://creativecommons.org/licenses/by-sa/3.0/deed.en >*
https://commons.wikimedia.org/wiki/File:Surgeon%27s_knot.jpg

[42] *Chris 73 / Wikimedia Commons CC BY-SA 3.0 DEED <https://creativecommons.org/licenses/by-sa/3.0/deed.en>*
https://commons.wikimedia.org/wiki/File:BloodKnot_HowTo.jpg

[43] https://commons.wikimedia.org/wiki/File:Surgeon%27s_Loop_knot.svg

[44] *Zaripov Rustem, CC BY-SA 4.0 <https://creativecommons.org/licenses/by-sa/4.0>, via Wikimedia Commons:* https://commons.wikimedia.org/wiki/File:Shear_lashing_0_Thumb.jpg

[45] *Mark A. Taff. http://www.MarkTaff.com, CC BY-SA 3.0 US <https://creativecommons.org/licenses/by-sa/3.0/us/deed.en>, via Wikimedia Commons:*
https://commons.wikimedia.org/wiki/File:Alpine_butterfly_loop.jpg

[46] *David J. Fred, CC BY-SA 2.5 <https://creativecommons.org/licenses/by-sa/2.5>, via Wikimedia Commons:* https://commons.wikimedia.org/wiki/File:Handcuff-knot-ABOK-1140-Hitch-finish.jpg

[47] https://commons.wikimedia.org/wiki/File:Knot_clove.jpg

[48] *Malta, CC BY-SA 2.5 <https://creativecommons.org/licenses/by-sa/2.5>, via Wikimedia Commons:* https://commons.wikimedia.org/wiki/File:N%C5%93ud_de_p%C3%AAcheur_double_non_serr%C3%A9.jpg

[49] *HowToTieBowtie_VersionA.png: Chris 73derivative work: M.moriconi, CC BY-SA 3.0 <https://creativecommons.org/licenses/by-sa/3.0>, via Wikimedia Commons: https://commons.wikimedia.org/wiki/File:HowToTieBowtie_second-way-A.png*

[50] *Pumbaa80, bearbeitet von Xubor, CC BY-SA 2.5 <https://creativecommons.org/licenses/by-sa/2.5>, via Wikimedia Commons: https://commons.wikimedia.org/wiki/File:Tie_diagram_l-c-end-better.png*

[51] *Fúlvio, CC BY-SA 3.0 <https://creativecommons.org/licenses/by-sa/3.0>, via Wikimedia Commons: https://commons.wikimedia.org/wiki/File:Double_windsor.svg*

[52] *No machine-readable author provided. Pumbaa80 assumed (based on copyright claims)., CC BY-SA 2.5 <https://creativecommons.org/licenses/by-sa/2.5>, via Wikimedia Commons. https://commons.wikimedia.org/wiki/File:Necktie_Half-Windsor_knot.jpg*

[53] *Coastal Elite from Halifax, Canada, CC BY-SA 2.0 <https://creativecommons.org/licenses/by-sa/2.0>, via Wikimedia Commons. https://commons.wikimedia.org/wiki/File:Eldredge_Knot_(23364860284).jpg*

[54] *Cobanyastigi, CC0, via Wikimedia Commons: https://commons.wikimedia.org/wiki/File:KolanBagi%C3%9in.jpg*

[55] *https://commons.wikimedia.org/wiki/File:Celtic-knot-linear-7crossings.svg*

[56] *No machine-readable author provided. Tortillovsky assumed (based on copyright claims)., CC BY-SA 3.0 <http://creativecommons.org/licenses/by-sa/3.0/>, via Wikimedia Commons: https://commons.wikimedia.org/wiki/File:Knot_Monkey_Fist.jpg*

[57] *Frank van Mierlo, Attribution, via Wikimedia Commons: https://commons.wikimedia.org/wiki/File:True_Lover%27s_knot-0.jpg*

[58] *ClemRutter, CC BY-SA 4.0 <https://creativecommons.org/licenses/by-sa/4.0>, via Wikimedia Commons: https://commons.wikimedia.org/wiki/File:Double_coin_knot_3806.jpg*

[59] *David J. Fred, CC BY-SA 2.5 <https://creativecommons.org/licenses/by-sa/2.5>, via Wikimedia Commons: https://commons.wikimedia.org/wiki/File:Knife-lanyard-knot-ABOK-787-Final.jpg*

[60] *Raïke (see also: de:Benutzer:Raïke), CC BY-SA 3.0 <http://creativecommons.org/licenses/by-sa/3.0/>, via Wikimedia Commons: https://commons.wikimedia.org/wiki/File:Friendship_Bracelet_square_forms.jpg*

[61] *Tuningpeg571, CC BY-SA 3.0 <https://creativecommons.org/licenses/by-sa/3.0>, via Wikimedia Commons: https://commons.wikimedia.org/wiki/File:Lanyard.png*

[62] *Auckland Museum, CC BY 4.0 <https://creativecommons.org/licenses/by/4.0>, via Wikimedia Commons: https://commons.wikimedia.org/wiki/File:Lanyard_(AM_1957.67.16-4).jpg*

[63] *Mimidellaboheme, CC BY-SA 4.0 <https://creativecommons.org/licenses/by-sa/4.0>, via Wikimedia Commons: https://commons.wikimedia.org/wiki/File:Alberello_in_macram%C3%A9.jpg*

[64] *https://commons.wikimedia.org/wiki/File:Marines_practice_knot_skills_150320-M-OD001-036.jpg*

[65] *David J. Fred, CC BY-SA 2.5 <https://creativecommons.org/licenses/by-sa/2.5>, via Wikimedia Commons: https://commons.wikimedia.org/wiki/File:Marlinespike-hitch-ABOK-2030-Step3.jpg*

[66] *Most Craft, CC BY 2.0 <https://creativecommons.org/licenses/by/2.0>, via Wikimedia Commons: https://commons.wikimedia.org/wiki/File:Square_(macrame_knot).jpg*

[67] *Markwell, CC BY-SA 3.0 <https://creativecommons.org/licenses/by-sa/3.0>, via Wikimedia Commons: https://commons.wikimedia.org/wiki/File:Paracord_monkey_fist.JPG*

www.ingramcontent.com/pod-product-compliance
Lightning Source LLC
Chambersburg PA
CBHW051848160426
43209CB00006B/1214